Alexander Bätz · Seelen der Stadt

Alexander Bätz

Seelen der Stadt

Bibliotheken im kaiserzeitlichen Rom

2020
Harrassowitz Verlag · Wiesbaden

Umschlagabbildung © akg images

Bibliografische Information der Deutschen Nationalbibliothek
Die Deutsche Nationalbibliothek verzeichnet diese Publikation in der Deutschen Nationalbibliografie; detaillierte bibliografische Daten sind im Internet über https://www.dnb.de abrufbar.

Informationen zum Verlagsprogramm finden Sie unter https://www.harrassowitz-verlag.de

Gedruckt auf alterungsbeständigem Papier.
Druck und Verarbeitung: Hubert & Co., Göttingen
Printed in Germany

ISBN 978-3-447-11505-6

Inhalt

Einleitung

Bibliotheken waren ein fester Bestandteil der römischen Kultur der Kaiserzeit. Allein für Rom sind neun öffentliche Büchersammlungen aus den ersten drei nachchristlichen Jahrhunderten sicher bezeugt. Große Gemeinwesen Italiens standen der Hauptstadt des Imperium Romanum in nichts nach: Öffentliche Bibliotheken existierten unter anderem in Mediolanum (Mailand) und Comum (Como) in Norditalien, im etruskischen Volsinii Novi (Bolsena), in der alten Latinerstadt Tibur (Tivoli) oder in Suessa Aurunca in Kampanien. Darüber hinaus hatten auch in den östlichen Provinzen des Reiches Dutzende von Büchersammlungen geöffnet, die damit eine bereits im frühen 3. Jahrhundert v. Chr. begründete Tradition fortsetzten.

Was im öffentlichen Bereich in Rom und Italien seit Augustus gängig wurde, hatte sich im häuslichen Bereich schon sehr viel früher etabliert. Gut bestückte und repräsentative Privatbibliotheken dienten seit der mittleren Republik als Statussymbole der römischen Oberschicht. In der Kaiserzeit geriet die private Büchersammlung fast zur Mode, und manchem Zeitgenossen war der reine Besitz der Bücher genug. Viele, so spottet Seneca, verstünden von Buchstaben weniger als Kinder und verwendeten die Bücher nicht zur Bildung, sondern zum Schmuck ihres Speisezimmers.[1] Für Dichter und Literaten wie Vergil oder Persius wiederum bildeten umfangreiche Privatbibliotheken eine essenzielle Arbeitsgrundlage, ohne die sie ihre

1 Sen. dial. 9,9,5: *plerisque ignaris etiam puerilium litterarum libri non studiorum instrumenta sed cenationum ornamenta sunt.*

Werke kaum hätten verfassen können.[2] Den Parvenüs und Poeten gleichermaßen gab der Architekt Vitruv in seinem Werk *De architectura*, das zwischen 33 und 22 v. Chr. entstand, Hinweise zur Anordnung und baulichen Einrichtung von Bibliotheken in Privathäusern.[3] Allen galt der Besitz von Büchern und Büchersammlungen als etwas Gutes und Zeigenswertes.

Informationen über diese facettenreiche Bibliothekslandschaft verbergen sich vor allem in Einzelnachrichten. Es ist kein zusammenhängendes beschreibendes Werk aus der Antike erhalten, das ‚bibliothekswissenschaftlich' Auskunft über Aussehen, Nutzung oder Bestände der Bibliotheken in der griechisch-römischen Welt erteilen würde. Doch es gab derartige Fachbücher. Im 2. Jahrhundert v. Chr. verfasste der Grammatiker Artemon aus Kassandreia seine Werke Περὶ βιβλίων συναγωγῆς (*Über das Büchersammeln*) und Περὶ βιβλίων χρήσεως (*Über das Nutzen von Büchern*).[4] Bekannt sind davon kaum mehr als die Titel. Ähnliches gilt für die drei Bände *De bibliothecis* des römischen Universalgelehrten Varro, die im späten 1. Jahrhundert v. Chr. wohl anlässlich einer großen Bibliotheksplanung zu Papyrus gebracht wurden.[5]

Zur Betrachtung der kaiserzeitlichen Bibliotheken stehen lediglich Notizen und Teilüberlieferungen literarischer und epigraphischer Art zur Verfügung, die Einblicke in Einzelfälle geben.[6] Beispiele dafür sind die beiläufigen Äußerungen Ciceros über die Pflege von Buchbeständen oder die nicht minder beiläufigen Beschreibungen von Bibliotheksbesuchen durch den Schriftsteller Aulus Gellius

2 Siehe Nelis (2010) zur Bibliothek Vergils; Takács (2010) zur Bibliothek des Persius.

3 Vgl. Vitr. 1,2,7; 6,4,1; 6,7,3.

4 Erwähnt bei Athen. 12,515e bzw. 15,694a.

5 Zu Varros Werk siehe Hendrickson (2017) 9 f.

6 Zur Quellenlage zusammenfassend Balensiefen (2011) 126–130.

im späten 2. Jahrhundert.[7] Eine besondere Rolle unter den literarischen Quellen nimmt Sueton ein, der mit seinen Biographien eine bis dahin in Rom noch kaum verbreitete literarische Gattung etablierte. Als kaiserlicher Beamter war Sueton unter Trajan für das gesamte stadtrömische Bibliothekswesen verantwortlich. Das verschaffte ihm Material für sein literarisches Werk und transportierte zugleich etliche Innenansichten des römischen Bibliothekswesens – insbesondere mit Blick auf die kaiserliche Stellung.[8] Die epigraphische Überlieferung besteht in erster Linie aus Grabinschriften von Bibliothekspersonal. Die oft nur wenigen Zeilen geben Aufschluss über den sozialen Stand, die Aufgaben, mitunter auch über die familiären Wurzeln der Verstorbenen. Rund zwei Dutzend Inschriften dieser Art sind überliefert. Überwiegend erinnern sie an Bibliothekssklaven aus dem kaiserlichen Haushalt.[9] Neben den schriftlichen Quellen existieren zahlreiche archäologische Befunde, die das Bild zusätzlich verdichten. Vor allem zur Bibliothek des Augustus auf dem Palatin, zur flavischen Bibliothek im *Templum Pacis* und zu den Anlagen auf dem Trajansforum liegen umfangreiche und aktuelle Studien vor.[10] Ein spezieller Fall ist die in situ vorgefundene private Bibliothek in der Villa dei Papiri in Herculaneum. Verschüttet durch den verheerenden Ausbruch des Vesuvs von 79 überdauerten hier gut 600 Papyrusrollen, die

7 Cicero: u. a. Att. 1,11,3; 2,1,2; 4,14,1; 13,31,2; 13,32,3. Aulus Gellius: u. a. 11,17; 13,20.

8 Vgl. u. a. Suet. Iul. 56,7; Tib. 70,2; Cal. 34,2. Zur Rolle Suetons im kaiserzeitlichen Bibliothekswesen Marshall (2019) 120 f.; Houston (2014) 235 f.; Bowie (2013) 251 f.

9 Dazu ausführlich Houston (2002).

10 Zur *Bibliotheca Palatina* vor allem Iacopi/Tedone (2005/2006); zur Bibliothek im *Templum Pacis* zuletzt Tucci (2017) 101–115; zur Doppelbibliothek auf dem Trajansforum Packer (2001) 78–82; Meneghini (2017). Zur Archäologie siehe auch allgemein Strocka (2012) 173–178.

bereits zum Zeitpunkt der Katastrophe teilweise Raritäten gewesen sein müssen.[11]
Eine Untersuchung römischer Bibliotheken der Kaiserzeit steht mit dieser Quellenlage auf vergleichsweise stabilem Grund – bei einer Vielzahl von Themen aus der antiken Kulturgeschichte ist die Überlieferungssituation deutlich obskurer. Allerdings konzentriert sich das verfügbare Material in hohem Maße auf die öffentlichen Bibliotheken in der Stadt Rom. So bleiben im Falle der eingangs erwähnten Büchersammlungen in den italischen Städten viele, aus heutiger Sicht naheliegende Fragen unbeantwortet, etwa hinsichtlich der Bestände oder der Nutzungspraxis. Dieser Befund ist wenig überraschend, denn was alltäglich schien, überliefern die antiken Autoren entweder als Letztes oder gar nicht.
Rom hingegen war die Stadt des Kaisers. Alles, was der Prinzeps hier auf den Weg brachte, besaß Relevanz, häufig für das gesamte Imperium. Generell spielten repräsentative Baumaßnahmen und Kulturförderung im Herrschaftsverständnis der römischen Kaiser eine große Rolle. Öffentliche Bibliotheken vereinten diese beiden Aspekte wie kaum eine andere Einrichtung der damaligen Zeit. Die moderne Forschung hat den Zuschnitt der öffentlichen Bibliotheken auf die Kaiser längst erkannt und die überragende Rolle einzelner Herrscher herausgearbeitet.[12] Neben Gesamtdarstellungen zum antiken Bibliothekswesen oder zu den Verhältnissen in Rom[13] stehen seit einigen Jahren zudem Einzelfragen im Fokus,

11 Zur Villa dei Papiri und zu den dort gefundenen Texten zuletzt Sider (2019); ausführlich Houston (2014) 87–129.

12 Allgemein dazu Bowie (2013); exemplarisch Balensiefen (2006) zu Augustus; Tucci (2013) zu den Flaviern; Troncoso (2010) zu Trajan.

13 Umfassend etwa Casson (2002) oder Blanck (1992); Konzentration auf Rom bei Houston (2014); Fedeli (2012); Dix/Houston (2006) und Fehrle (1986).

die häufig praktische Überlegungen beinhalten,[14] aber auch allgemeine kulturgeschichtliche Entwicklungen berücksichtigen.[15]
Das vorliegende Buch greift diese und weitere Themen auf mit dem Ziel einer konzisen Vermittlung wichtiger Entwicklungen, Erscheinungsformen und Eigenschaften im Bibliothekswesen der römischen Kaiserzeit. Nach einem einführenden Rückblick auf die Anfänge der griechisch-römischen Bibliothekswelt stehen die kaiserlichen Bibliotheksgründungen in Rom im Fokus. Untersucht werden Funktionen, Motive und die Rolle des Kaisers hinter der Einrichtung der Büchersammlungen. Der zweite Teil des Buches beleuchtet die praktischen Aspekte der öffentlichen Bibliotheken von außen und innen. Zur Anwendung kommen dabei die modernen bibliothekarischen Themenfelder Bibliotheksbau, Benutzung, Bestand sowie Erwerbung, Bearbeitung und Personal. Die Darstellung konzentriert sich auf die öffentlichen Bibliotheken in Rom. Um ein möglichst breites Bild zu vermitteln, werden Erkenntnisse über private Büchersammlungen sowie über Bibliotheken außerhalb Roms jedoch immer wieder in die Argumentation miteinbezogen.
Die große Zeit des römischen Bibliothekswesens endete in der Spätantike. Die ab dem ausgehenden 3. Jahrhundert allmählich einsetzenden Umwälzungen in Politik, Wirtschaft, Religion, Gesellschaft und Kultur stellten die Bedingungen von Literaturproduktion und -verbreitung in Rom auf völlig neue Füße. Ende des 4. Jahrhunderts war Rom kaum mehr als die ideelle Hauptstadt des Weströmischen Reiches, das gegenüber dem Ostteil des ehemaligen Imperium Romanum mit seiner strahlenden Kapitale

14 Zur Bestandsaufstellung Glorius (2016); Nicholls (2010); zu Ausleihmöglichkeiten Piacente (2011); zu Katalogen Houston (2014); zur Nutzung Sève (2010).

15 Zur Lesekultur in Rom Johnson (2013); zu den Impulsen der so genannten Zweiten Sophistik Galli (2017); Zadorojnyi (2013) und Neudecker (2004).

Konstantinopel immer rascher ins Hintertreffen geriet. Mit der Durchsetzung des Christentums schwand die unangefochtene Akzeptanz von klassischen Autoren wie Homer, Cicero oder Vergil, an deren Platz zunehmend die Schriften der Kirchenväter rückten. Die Instandhaltung und Pflege umfangreicher Bibliotheksbestände zur Bewahrung einer jahrhundertealten Literaturtradition trat in Rom in den Hintergrund. Zwar übernahmen intellektuelle senatorische Kreise dort zeitweise noch die Tradierung des literarischen Erbes, den Rückzug der Kaiser aus der Förderung des Bibliothekswesens vermochten sie indessen nicht voll auszugleichen. Die in der Spätantike zuhauf produzierte christlich-religiöse Literatur fand bereits kaum noch Aufnahme in den verfallenden Bibliotheksgebäuden der Frühen und Hohen Kaiserzeit. Bibliotheksgründungen wanderten in kirchliche Umgebungen ab.[16] Bis zum 6. Jahrhundert hatten die öffentlichen Büchersammlungen der Kaiser in Rom ihre Pforten geschlossen.

16 Zu den Anfängen christlich geprägter Büchersammlungen und zu ihrer Entwicklung und Institutionalisierung in der Spätantike Gamble (1995) 196–198.

Kapitel 1
Die Anfänge des Bibliothekswesens in der römischen Welt

1.1 Bibliotheken in Griechenland

Die Grundlagen des römischen Bibliothekswesens liegen im griechischen Kulturraum. Ausgehend von einer hinreichend entwickelten Lesefähigkeit hatte sich dort die Produktion und Distribution von Literatur bereits im 5. Jahrhundert v. Chr. etabliert.[1] In Athen, dem politischen und kulturellen Zentrum Griechenlands in der Klassischen Zeit, waren die Theaterstücke von Aischylos, Sophokles oder Euripides ebenso verfügbar wie die historiographischen und zeitgeschichtlichen Arbeiten von Herodot und Thukydides oder die Epen Homers.[2] Abschriften sorgten für eine Vervielfältigung wichtiger Werke. Auf der *Agora*, dem Marktplatz Athens, scheint es bereits um 400 v. Chr. einen abgesteckten Bereich für den Verkauf von Büchern gegeben zu haben.[3] Die Verwendung

1 Die Entwicklung und Bedingungen der Literaturproduktion im antiken Griechenland bis zur Klassischen Zeit legt Müller (2011) 101–114 dar. Einen Überblick über die verschiedenen Formen und Anwendungsbereiche von Lesefähigkeit im Alltag Athens im 5. und 4. Jahrhundert v. Chr. gibt Thomas (2011) 17–41.

2 Vgl. Müller (2011) 114–116; Casson (2002) 39.

3 Das ergibt sich aus einer beiläufigen Äußerung des Sokrates in seiner Verteidigungsrede, in der er darauf hinweist, die Werke des Philosophen Anaxagoras seien günstig in der *Orchestra*, einem Verkaufsareal im Zentrum der *Agora*, zu erwerben, vgl. Plat. apol. 26d.

von Zitaten und Anspielungen auf Homer in attischen Gerichtsreden des frühen 4. Jahrhunderts v. Chr. unterstreicht die große Verbreitung von Literatur ebenfalls – offenbar konnte bei einem entsprechenden Zitat von einem hohen Wiedererkennungswert unter den Zuhörern ausgegangen werden.[4]

Mit der zunehmend breiten Verfügbarkeit von Literatur verband sich die grundsätzliche Möglichkeit, Papyrusrollen in einer Sammlung, in einer Bibliothek, zusammenzustellen und dauerhaft nutzen zu können. Aristophanes legt Euripides in den Mund, eifrig auf die Inhalte von Büchern zurückgegriffen zu haben, um Stoffe für seine Bühnenstücke zu finden.[5] Der Tragiker muss also über eine entsprechende Kollektion für den Privatgebrauch verfügt haben.[6] Das galt rund 50 Jahre später auch für Aristoteles, der laut Strabon die erste systematisch aufgestellte Bibliothek der Antike besaß.[7]

In der zweiten Hälfte des 4. Jahrhunderts v. Chr. veränderte der Feldzug Alexanders des Großen die Verhältnisse der Antike fundamental. Griechische Kultur verbreitete sich bis an den Hindukusch und an die Grenzen Indiens. Die Kenntnis von der Welt nahm exponentiell zu, Wissensorganisation wurde fast zur Notwendigkeit. Was Aristoteles im Kleinen begonnen hatte, führten die ersten Ptolemäer in Alexandria im Großen fort: die Gründung und Einrichtung einer umfassenden Bibliothek im Tempel der Musen, im *Museion*, die das Wissen und die Literatur des Erdkreises beherbergen sollte und den Grundstein dafür bildete, dass sich Alexandria zum Zentrum antiker Gelehrsamkeit schlechthin

4 Zur Analyse derartiger Passagen, etwa bei Aischines, Iacoviello (2019) 78–83.

5 Vgl. Aristoph. Ran. 939–943; Aristophanes‘ Komödie Βάτραχοι (*Die Frösche*), in der diese Äußerung erfolgt, stammt von 405 v. Chr.

6 Auch Athenaios listet Euripides unter Persönlichkeiten auf, die zahlreiche Bücher besessen hätten (1,3a).

7 Vgl. Strab. 13,1,54 sowie Athen. 1,3a: Aristoteles als Besitzer einer großen Bibliothek. Zu deren Geschichte und Verbleib Wilker (2002) 24–29.

entwickeln konnte.[8] Indem die Ptolemäer ihre Bibliothek einem abgesteckten Nutzerkreis zugänglich machten, schufen sie die erste öffentliche Bibliothek der Antike.[9] Sie blieb nicht die einzige in der Epoche des Hellenismus. Bald existierten auch in Athen, in Pergamon, am makedonischen Königshof in Pella und am Hof der Seleukiden Bibliotheken. Die bedeutendste Bibliothek blieb Alexandria, gefolgt von der Bibliothek der Attaliden in Pergamon. Die hellenistischen Könige schmückten sich mit Poeten und Wissenschaftlern an ihren Höfen und traten in diesem Segment in Konkurrenz zueinander.[10] Erstmals in der Geschichte etablierte sich die Förderung von Kultur und Wissenschaft als Teil der Herrschaftslegitimation.

8 Die Literatur zur königlichen Bibliothek von Alexandria ist kaum zu überschauen. Zu ihren Anfängen zuletzt Holder (2020) 79–82; einführend Rico (2017) 294–296; Müller (2011) 119–122; Bagnall (2002) 360–362. Dass neben griechischen auch orientalische und insbesondere ägyptische Einflüsse hinter der Bibliotheksgründung standen, betont Honigman (2017) 62–72.

9 Gellius (7,17,1), Athenaios (1,3a) und Isidor von Sevilla (orig. 6,3,3) berichten, dass der Tyrann Peisistratos bereits Mitte des 6. Jahrhunderts v. Chr. eine öffentliche Büchersammlung in Athen bereitgestellt habe. Diese Nachrichten wurzeln in den gängigen Vorstellungen von der Volksnähe der Peisistratiden und sind anachronistisch.

10 Die Rivalität zwischen der Bibliothek von Alexandria und der attalidischen Bibliothek äußerte sich Plinius zufolge (der sich auf Varro beruft) in einem zeitweiligen Exportstopp für Papyrus seitens der Ptolemäer (vgl. nat. 13,70, wo sich die wenig glaubhafte Notiz anschließt, in diesem Kontext sei Pergament als Beschreibstoff erfunden worden). In der *Suda* ist überliefert, der Grammatiker Aristophanes von Byzantion habe zeitweilig in Alexandria unter Arrest gestanden, als seine Pläne ans Licht kamen, sich Eumenes II. von Pergamon anschließen zu wollen (A 3936). Zum Ringen der hellenistischen Monarchen um die klügsten Köpfe ihrer Zeit Hatzimichali (2019) 32; Strootman (2017) 86–88.

1.2 Privatbibliotheken der römischen Republik

Die Römer gerieten mit der Welt des Hellenismus ab dem späten 3. Jahrhundert v. Chr. intensiv in Kontakt. Austausch mit der griechischen Kultur hatte es allerdings schon früher gegeben, da die unteritalischen Griechenstädte von Rom aus nicht weit entfernt waren. Die politische Wendung der Römer nach Osten im Zuge und vor allem in Folge des Zweiten Punischen Krieges ließ sie schließlich tief in die hellenistische Staatenwelt eintauchen und stärker als zuvor in Berührung mit der Kultur der Griechen geraten. Bis 30 v. Chr. fielen nach und nach alle hellenistischen Reiche an Rom. Makedonien, das griechische Kernland, Pergamon, das Seleukidenreich, zuletzt auch das ptolemäische Ägypten unter seiner letzten Herrscherin Kleopatra wurden Teil des Imperium Romanum, das mittlerweile das gesamte Mittelmeerbecken beherrschte. Während dieses Prozesses standen in Griechenland der zunehmenden politischen Bedeutungslosigkeit ungebrochen vitale Kulturleistungen gegenüber, die von den Römern zum Teil bereits früh adaptiert wurden und als Orientierung und Vorbilder dienten. In augusteischer Zeit beschreibt Horaz das eigentümliche Verhältnis zwischen Griechen und Römern rückblickend mit den Worten *Graecia capta ferum victorem cepit, et artes intulit agresti Latio*[11]. In den Bereich der *artes*, der schönen Künste, gehören neben der römischen Orientierung an griechischer Literatur auch die Anfänge des römischen Bibliothekswesens.

Vor allem die römischen Aristokraten, die ab dem späten 3. Jahrhundert v. Chr. die Kriege in Griechenland führten, brachten neben reichlich erbeuteten griechischen Kunstschätzen häufig auch eine Vorliebe für die Kultur der eroberten Gebiete mit nach Rom. In diesem Kontext erfolgte laut Überlieferung die Einrichtung der ersten Bibliothek der römischen Republik. L. Aemilius Paullus,

11 Hor. epist. 2,1,156f.: „Das bezwungene Griechenland hat den rohen Sieger bezwungen und die schönen Künste ins ungebildete Latium gebracht".

der Sieger im Dritten Makedonischen Krieg, soll 168 v. Chr. die Bibliothek des makedonischen Königs Perseus aus Pella nach Rom gebracht haben, um sie seinen Söhnen zum privaten Gebrauch zur Verfügung zu stellen.[12] Es ist allerdings unstrittig, dass es bereits vor 168 v. Chr. Büchersammlungen in Rom gab,[13] denn anders lässt sich die literarische Produktivität, die in Rom ab ca. 240 v. Chr. einsetzt, kaum erklären. Die Dichter Livius Andronicus und T. Maccius Plautus oder der Historiker Q. Fabius Pictor, deren Arbeiten sämtlich vor 168 v. Chr. entstanden, müssen in gewissem Umfang Zugriff auf Kollektionen griechischer Werke gehabt haben.[14] Noch weiter zurück weisen die diversen, zum Teil sehr früh überlieferten Priesterarchive in Rom, deren Bestände, vor allem kürzere Texte mit Ritualanweisungen, ebenfalls bereits in rudimentärer Weise geordnet gewesen sein müssen.[15] Das Besondere an der Königsbibliothek der Makedonen war jedoch ihr für römische Verhältnisse ungewöhnlich großer Umfang, der vermutlich spezielle Nutzungs- und Organisationselemente erforder-

12 Vgl. Plut. Aem. 28,11 und Isid. orig 6,5,1 sowie dazu Affleck (2013) 124 f.

13 Vgl. dazu Affleck (2013) 131–135, der erste Kontakte der Römer mit griechischen Bibliotheken bereits für die erste Hälfte des 3. Jahrhunderts v. Chr. erwägt.

14 Casson (2002) 89 f. nimmt an, dass etwa über den unteritalischen Raum Abschriften griechischer Klassiker nach Rom gelangten, wo sie unter anderem von Andronicus und Plautus ab der zweiten Hälfte des 3. Jahrhunderts v. Chr. für die frühesten römischen Bühnenstücke, die sich deutlich an griechischen Vorbildern orientierten, verwendet wurden. Vielleicht profitierten die frühen römischen Schriftsteller auch von Förderern aus der Aristokratie, die für den Aufbau veritabler Büchersammlungen durch den Ankauf griechischer Handschriften sorgten (vgl. Affleck [2013] 133–136). Im Falle des Andronicus wäre diesbezüglich an M. Livius Salinator zu denken (cos. 219 und 207 v. Chr.), den Andronicus bis zu seiner Freilassung als Elementarlehrer unterrichtet hatte. Zu den wenigen bekannten Details von Andronicus' Biographie Viredaz (2020) 25–27.

15 Vgl. dazu Affleck (2013) 126–131, der von „proto-libraries“ (129) spricht.

lich machte.[16] Verbunden mit dem so genannten Scipionenkreis, einer Gruppe intellektueller römischer Aristokraten um P. Cornelius Scipio Aemilianus, den Sohn des Aemilius Paullus, bildeten die Werke aus der in Pella geraubten Bibliothek den Ausgangspunkt zahlreicher literarischer und historiographischer Arbeiten des 2. Jahrhunderts v. Chr.[17]

Neben Scipio und seinen Gefährten kultivierten auch andere römische Adlige den Philhellenismus. Griechische Klassiker wurden im Original rezitiert, wissenschaftliche Arbeiten aus dem Osten zur Grundlage eigener und neuer Forschungen. Auch wenn die Quellen keine konkreten Beispiele nennen, sind für die Mitte des 2. Jahrhunderts v. Chr. etliche weitere private Bibliotheken in Rom anzunehmen, die im Wesentlichen mit Handschriften griechischer Werke und zu einem noch deutlich geringeren Umfang mit Kopien (oder Originalen) lateinischer Texte bestückt waren.[18]

In den 80er Jahren v. Chr. gelangte eine zweite bedeutende Bibliothek aus der griechischen Welt nach Rom. L. Cornelius Sulla war während des Krieges gegen den pontischen König Mithridates VI. in Athen die Bibliothek des Apellikon von Teos in die Hände gefallen, die unter anderem Handschriften von Aristoteles und Theophrast enthielt.[19] Die Geschichte dieser zweifellos herausragenden Büchersammlung verliert sich ein wenig in der Überlieferung.[20] Eine Spur immerhin weist zu Cicero, der offenbar Zugang zu der Bibliothek hatte, als sie sich bereits im Besitz von Sullas

16 Vgl. Affleck (2013) 126. Casson (2002) 94 f. stellt Überlegungen zu einzelnen Werken im Bestand der Bibliothek an.

17 Dem ‚Scipionenkreis' gehörten unter anderem bedeutende Autoren wie Q. Ennius oder Polybios an. Vermutlich nutzten diese beiden die Bibliothek für ihre Arbeiten.

18 Vgl. Casson (2002) 97; 99.

19 Vgl. Strab. 13,1,54; Plut. Sull. 26,1.

20 Ausführlich zur Bibliothek des Aristoteles, die den Kern der von Sulla geraubten Bestände ausmachte, Wilker (2002) 24–29.

Sohn Faustus befand und in dessen Villa in Cumae aufgestellt war.[21] Ein weiterer Nutzer, etwa zur gleichen Zeit, war der Gelehrte Tyrannio, ein Freigelassener aus Griechenland.[22] Über ihn gelangten einige der wertvollen Handschriften an Andronikos von Rhodos, der sie möglicherweise für eine erste Edition der Werke des Aristoteles verwendete.[23]

Genaueres ist bekannt über die Privatbibliothek des L. Licinius Lucullus, der ebenfalls gegen Mithridates im Osten gekämpft hatte. Während Isidor von Sevilla die Bibliothek des Lucullus analog zu jener des Aemilius Paullus knapp als singuläre Kriegsbeute bezeichnet,[24] ergibt sich aus Cicero und Plutarch, dass Lucullus bereits vor seinem Kommando im Osten eine größere Bibliothek besaß.[25] Das schließt freilich nicht aus, dass der Feldzug in Kleinasien den Buchbestand des Lucullus deutlich erhöht haben dürfte. Für kulturell interessierte Aristokraten wie Lucullus war es im 1. Jahrhundert v. Chr. selbstverständlich, über einen unmittelbaren Zugang zu Büchern zu verfügen, diesen intensiv zu nutzen und auch zur Schau zu stellen.[26] Dafür sorgte im Fall des Lucullus die Unterbringung der Werke nicht nur im Stadthaus auf dem Mons Pincius, sondern auch in mehreren ländlichen Anwesen, in denen die Nutzung auch ausgesuchten Gästen gestattet war.[27]

21 Vgl. Cic. Att. 4,10,1 und dazu Tutrone (2013) 164 f.

22 Vgl. Plut. Sull. 26,2; zu Tyrannio (auch zu dessen späterem Kontakt mit Cicero) Johnson (2011/2012) v. a. 473–477.

23 Vgl. Wilker (2002) 28.

24 Isid. orig. 6,5,1.

25 Cic. ac. 2 2–4; Plut. Luc. 42,1–2 und dazu Dix (2000) 441–444. Anders Casson (2002) 98 f., der die Bibliotheken von Sulla und Lucullus ausdrücklich als reines Beutegut aus dem Osten charakterisiert.

26 Zur Bibliothek als Prestigeobjekt Tutrone (2013) 159; Mittler (2012) 300. Zum Inhalt der Bibliothek des Lucullus, die dessen literarische Vorlieben widergespiegelt haben dürfte, Dix (2000) 444–446.

27 Vgl. Plut. Luc. 42,1. Offenbar behielt Lucullus' Sohn diese Praxis bei: In Ciceros *De finibus bonorum et malorum* (das Werk entstand ca. zehn Jahre nach

Dichter und Schriftsteller wie Catull, Cicero oder Varro, die in den letzten Jahrzehnten der Republik wirkten, besaßen ebenfalls umfangreiche Privatbibliotheken.[28] Vor allem die Korrespondenz Ciceros mit seinem Freund T. Pomponius Atticus vermittelt zahlreiche Einblicke in praktische Aspekte der Bibliotheksnutzung und des Buchmarktes dieser Zeit.[29] Die kurzen Erwähnungen beziehen sich unter anderem auf Fragen der Erwerbung, der Systematisierung und der praktischen Aufstellung. Auch die umfassenden Arbeiten des Universalgelehrten Varro setzen den Zugang zu einer gut bestückten Bibliothek unbedingt voraus. Von Varro stammt mit der dreibändigen Schrift *De bibliothecis* zudem das früheste bekannte Werk über Bibliotheken auf Latein, von dem allerdings nicht viel mehr als der Name überliefert ist.[30]

Lucullus' Tod) begegnen sich Cicero und der jüngere Cato in der Bibliothek der Luculli in deren berühmter Villa in Tusculum, um philosophische Werke zu konsultieren, vgl. Cic. fin. 3,7 sowie dazu Johnson (2013) 356f.; Tutrone (2013) 157–160 (Lucullus' Bibliothek als Beispiel einer „semipublic library"); Dix (2000) 444f. Frampton (2016) 143–145 ist zurückhaltender bezüglich der zumeist vertretenen Ansicht, die Szene sei exemplarisch für den aristokratischen Umgang mit Lesekultur, Büchern und Bibliotheken in der späten Republik zu verstehen.

28 Laut eigener Aussage bestand die Bibliothek Catulls aus *multae capsulae*, aus vielen hölzernen Kästen zur Aufbewahrung von Büchern (68,36).

29 Vgl. etwa Cic. Att. 1,11,3; 2,1,2; 4,14,1; 13,31,2; 13,32,3 und dazu Johnson (2011/2012) 471 und Dortmund (2001) v.a. 202–207. Zu Ciceros Umgang mit den Bibliotheken seiner Zeit zuletzt Bishop (2019) 20f.

30 Vgl. dazu Hendrickson (2017) 9f. In Griechenland existierten bereits im 3. Jahrhundert v. Chr. theoretische Abhandlungen über Bücher und Bibliotheken. Am bekanntesten sind Kallimachos' Πίνακες (*Verzeichnisse*), ein bibliographisches, in Ansätzen zugleich katalogisierendes Werk, das in Alexandria entstand, vgl. dazu Marshall (2019) 123–125 und Krevans (2011) 122–124. Allgemeinerer Natur waren, den Titeln nach, die Arbeiten des Artemon aus Kassandreia aus dem 2. Jahrhundert v. Chr.: Περὶ βιβλίων συναγωγῆς (*Über das Büchersammeln*) und Περὶ βιβλίων χρήσεως (*Über das Nutzen von Büchern*).

Die Idee der Bibliothek als Ort der Bildung und des Wissens hatte im Rom der späten Republik längst Einzug gehalten. Indessen beschränkten sich die Büchersammlungen noch ausschließlich auf den privaten Bereich. Eine Nutzung fand vor allem innerhalb der engen Zirkel der Aristokratie statt, die ihre Bestände gegebenenfalls für Standesgenossen zur Verfügung stellte. Ein breiterer Zugang zu Büchern, den es in der Bibliothek von Alexandria bereits im 3. Jahrhundert v. Chr. gab, fand zunächst noch keine Nachahmung in Rom.

1.3 Anfänge öffentlicher Bibliotheken in Rom

Der erste Vorstoß zu einer allgemeineren Zugänglichkeit von Büchern, Wissen und Bildung fand unter C. Iulius Caesar statt. Die kontroverse Bewertung Caesars in der Forschung bezieht sich in erster Linie auf seine grundsätzlichen politischen Ziele. Weitgehender Konsens besteht jedoch dahingehend, dass Caesar während seiner kurzen Alleinherrschaft einige beachtliche Innovationen auf den Weg brachte, deren Realisierung im trägen Gefüge der republikanischen Ordnung kaum oder nur sehr verzögert hätte erfolgen können. Basierend auf einer bis dahin ungesehenen Machtposition verwendete Caesar mehr als jeder andere römische Politiker vor ihm Energie auf innerstädtische Organisation, auf Administration und auf Soziales. Die Stadt Rom wurde konsequent mit Bauprojekten überzogen, bei denen neben sachlichen Gründen häufig auch das Prestige des Diktators im Vordergrund stand.[31] In diesem Kontext berichtet Sueton, dass Caesar Anfang 44 v. Chr. den Aufbau einer riesigen öffentlichen Bibliothek in Rom geplant habe,

31 Zu den Baumaßnahmen Caesars, insbesondere im Jahr 44 v. Chr., Meier (2004) 551–554. Sueton nennt allein drei Großprojekte, die Caesar *ornanda instruendaque urbe* („zur Verschönerung und zum Nutzen der Stadt“) kurz vor seinem Tod angestoßen habe (Iul. 44,1–2).

mit dem Varro beauftragt wurde.[32] Vielleicht reifte die Idee auch vor dem Eindruck der teilweisen Zerstörung der großen königlichen Bibliothek in Alexandria, die Caesar wenige Jahre zuvor als Augenzeuge unmittelbar miterlebt hatte.[33]
Aufgrund der Ermordung Caesars im selben Jahr wurde der Plan letztlich nicht realisiert, doch die Idee kursierte offenbar weiter, wenngleich mit anderer Intention. Fünf Jahre nach Caesars Tod begann C. Asinius Pollio, ein Literat und Historiker, der als Feldherr in den Wirren der Triumviratszeit zu umfangreichem Vermögen gekommen war, mit der Umsetzung.[34] Wahrscheinlich griff

32 Vgl. Suet. Iul. 44,2; Isid. orig. 6,5,2 und dazu Bowie (2013) 239f. mit dem Hinweis, dass Caesar den Zeitgenossen mit der öffentlichen Bibliothek in der Tat etwas gänzlich Neues präsentiert hätte. Ausführlich dazu Dix/Houston (2006) 672–675, die Caesars Pläne mit hellenistischen Vorbildern und über die in Alexandria mit der dortigen Bibliothek gewonnenen Einsichten erklären. Leonardis (2019) 21 und Fedeli (2012) 49 nehmen an, dass in diesem Rahmen Varros theoretische Schrift *De bibliothecis* entstanden sein dürfte („lo studio propedeutico alla concretizzazione del progetto" [Fedeli ebd.]).

33 Zu den Ereignissen in Alexandria im Jahr 48 v. Chr. und für eine Einordnung der Verluste an Papyrusrollen durch den unter anderem von Plutarch (Caes. 49,6–7) überlieferten Brand siehe Holder (2020) 212–219; Rico (2017) 308–320; Hatzimichali (2013) 168–172.

34 Die Bibliotheksgründung Pollios bei Plin. nat. 7,115; 35,10; Isid. orig. 6,5,2, siehe auch Ov. trist. 3,1,71–72. Nach anfänglicher Parteinahme für M. Antonius verblieb Pollio während der Bürgerkriegsjahre auffallend neutral. Bereits mit Ende 30 zog er sich aus der Politik zurück, um sich dem Schreiben zu widmen. Seine Ablehnung der politischen Zustände scheint in den Quellen mehrfach durch. Zu Pollio und seiner politischen Einstellung Morgan (2000) 60–65. Ausführlich zu Pollios Bibliotheksgründung Dix/Houston (2006) 675–681, die eine Datierung erst in den späten 30er Jahren v. Chr. erwägen und ein Wetteifern zwischen Pollio und Octavian um die erste öffentliche Bibliothek in Rom postulieren, in dem Letzterer schlicht der Verlierer gewesen sei. Diese Überlegung verkennt die überragende Stellung, die sich Octavian seit dem Vertrag von Brundisium 40 v. Chr. sukzessive in Rom und Italien aufgebaut hatte: Der Adoptivsohn und Erbe Caesars war spätestens seit Mitte der 30er Jahre v. Chr. nicht mehr angewiesen auf den kleinlichen Konkur-

Pollio für die Planungen ebenfalls auf Varro zurück.[35] Als Ort für Roms erste öffentliche Bibliothek wählte Pollio das *Atrium Libertatis*, das sich vermutlich zwischen *Forum Romanum* und *Campus Martius* befand.[36] Da Libertas als göttliche Personifizierung der bürgerlichen Freiheit galt, war Pollios Ortswahl möglicherweise auch eine Aussage gegen deren zunehmende Einschränkung in den Jahren des Machtkampfes zwischen Antonius und Octavian.[37] In diesem Sinn wäre die Bibliotheksgründung im *Atrium Libertatis* symbolisch mit den Idealen römisch-republikanischer Freiheit und freier Meinungsäußerung verknüpft. Zu dieser Überlegung passt, dass es sich beim *Atrium Libertatis* um den ehemaligen Amtsraum der Zensoren handelte, die in republikanischer Zeit über die römischen Bürgerlisten gewacht hatten, deren Amt, die ehrwürdige Zensur, seit 42 v. Chr. jedoch suspendiert war. Vermutlich blieb dieser ursprüngliche Archivcharakter des *Atrium Libertatis* auch nach der Bibliotheksgründung bestehen, so dass dort weiterhin neben Büchern auch Akten verwahrt wurden, sich bibliothekarische und archivalische Aspekte somit verbanden.[38]
Mit Pollios Bibliothek wurde die Vorstellung einer öffentlich zugänglichen Büchersammlung in Rom hoffähig, und das blieb sie rund 500 Jahre lang bis zum Ausgang der Antike. Seit Caesars Vorstoß und der ersten Realisierung durch Pollio bewahrten sich die öffentlichen Bibliotheken in Rom den Grundzug, nicht nur reine Büchersammlungen zu beherbergen, sondern stets auch propagandistische und ideologische Botschaften zu transportieren und der (kaiserlichen) Repräsentation zu dienen.

renzkampf zwischen ambitionierten Politikern, der in der Republik noch an der Tagesordnung gewesen war, um das Ansehen des Volkes zu gewinnen.

35 Vgl. Balensiefen (2011) 123 f.; Dix/Houston (2006) 676.

36 Zur Lokalisierung des *Atrium Libertatis* Coarelli (1993) 133.

37 So Morgan (2000) 66; ähnlich Haselberger (2007) 83, Anm. 103.

38 Vgl. Nicholls (2019) 63; Neudecker (2004) 295 f.

Kapitel 2
Roms Kaiserbibliotheken: Hintergründe und Funktionen

2.1 Fünf öffentliche Bibliotheken in Rom

Im Folgenden werden die fünf wichtigsten öffentlichen Bibliotheken der römischen Kaiserzeit im Hinblick auf ihre Funktion innerhalb der kaiserlichen Herrschaftsrepräsentation und -stabilisierung untersucht. Als öffentliche Bibliotheken werden Büchersammlungen verstanden, die erstens auf die Gründung eines Kaisers zurückgingen und deren Nutzergruppen zweitens sich auf Personenkreise auch außerhalb des Kaiserhauses erstreckten.[1] Im Mittelpunkt stehen somit die beiden Bibliotheken des Augustus auf dem Palatin und in der *Porticus Octaviae*, die Bibliotheksgründung des Tiberius im Tempel des vergöttlichten Augustus, Vespasians Bibliothek im *Templum Pacis* sowie die aus zwei Gebäuden bestehende Bibliothek auf dem Trajansforum. Abschließend erfolgt ein kurzer Blick auf die Unterbringung von Schriftrollen in den großen Thermenanlagen der Hauptstadt. Hier rückten die Büchersammlungen noch stärker als im Falle der Bibliotheken in den Bereich kaiserlicher *beneficia*, jener patronalen ‚Wohltaten', oft baulicher Art, zu denen sich der Prinzeps gegenüber der Bevölkerung im Idealfall verpflichtet fühlte. Ausgespart bleiben in diesem Kapitel diejenigen öffentlichen Bibliotheken in Rom, zu deren Eröffnungskontexten keinerlei Informationen vorliegen und

1 Diese Definition auch bei Houston (2002) 140.

die damit für eine Erhellung der politischen Dimension von Bibliotheksgründungen unergiebig sind.[2]

2.2 Augustus und die *Bibliotheca Palatina*

Gut zehn Jahre nach der Gründung der Bibliothek im *Atrium Libertatis* durch C. Asinius Pollio übernahm Augustus 27 v. Chr. als erster Kaiser die Geschäfte des Staates. Bereits ein Jahr zuvor hatte er Roms zweite öffentliche Bibliothek eingeweiht, die nach ihrem Standort benannte *Bibliotheca Palatina*.[3] Neben einem allgegenwärtigen Rückgriff auf die traditionelle Religion und althergebrachte Werte bildete die eng damit verknüpfte Baupolitik einen wichtigen Pfeiler der augusteischen Herrschaftsideologie.[4] In seinem Tatenbericht rühmt sich Augustus, allein im Jahr 28 v. Chr.

2 Insgesamt sind für das kaiserzeitliche Rom neun öffentliche Bibliotheken bekannt, vgl. Balensiefen (2011) 125 mit Verweis auf die entsprechenden Einträge im LTUR. Dazu zählen die oben genannten fünf Gründungen aus der Kaiserzeit sowie die spätrepublikanische Bibliothek Pollios. Die verbleibenden drei Bibliotheken sind in den Quellen deutlich weniger konturiert: Hieronymus (in seiner Übersetzung der Chronik des Eusebius) erwähnt lapidar, dass im Jahr 188 nach einem Blitzeinschlag *bibliothecae in Capitolio* abgebrannt seien (chron. p. 209a H.); von einer oder mehreren Bibliotheken auf dem Kapitol ist ansonsten nichts bekannt. Eine weitere Bibliothek befand sich in der *Domus Tiberiana* auf dem Palatin, für die zumindest vereinzelte Informationen hinsichtlich ihrer Nutzung im 2. Jahrhundert überliefert sind (indessen nichts über Zeitpunkt und Hintergründe ihrer Einrichtung), vgl. Front. epist. 4,5; Gell. 13,20,1 und dazu Dix/Houston (2006) 690f. Ebenfalls obskur bleiben die Umstände einer Bibliotheksgründung im Pantheon (ἐν Πανθείῳ), wohl unter Alexander Severus (reg. 222–235), der einem Papyrusfragment zufolge den Gelehrten Sex. Iulius Africanus mit dieser Aufgabe betraute (vgl. P. Oxy. 412 und dazu Hammerstaedt [2009] 66–68). In der älteren archäologischen Forschung wurden noch etliche weitere Befunde in Rom mit Bibliotheken in Verbindung gebracht, zur Widerlegung dieser Hypothesen siehe Strocka (2012a) 202–207.

3 Suet. Aug. 29,3; Cass. Dio 53,1,3.

4 Zu den Hintergründen und Bedingungen des augusteischen Bauprogramms Hölscher (2017) 15–31.

82 Heiligtümer und Tempel in Rom erneuert zu haben.[5] Dazu zählte als einer der wichtigsten kultischen Neubauten der Tempel des Apollon auf dem Palatin.[6] Die Kultstätte sollte unter anderem den unter dem Schutz Apollons errungenen Seesieg über Antonius und Kleopatra bei Actium verherrlichen.[7] Im Bemühen, den Bezug zwischen seiner Person und dem Gott ostentativ herauszustellen, ließ Augustus den Tempel in baulichem Zusammenhang mit seinem Privathaus errichten.[8] In rechtwinkliger Anordnung zum Tempel entstand die *Bibliotheca Palatina* als weiteres Element des Ensembles.[9]

Mit der architektonischen Einbindung der Bibliothek in den Apollontempel knüpfte Augustus an die römische Tradition an, Schriftstücke in kultischen Umgebungen aufzubewahren. Seit jeher beherbergten römische Tempel schriftliches Material wie Ritualbücher, Anweisungen für den Gottesdienst oder Texte aus dem Bereich der Kultgesetze, der *leges sacrae*.[10] Eine der wichtigsten religiösen Büchersammlungen waren die *Libri Sibyllini*, die im mantischen Kontext Verwendung fanden und ursprünglich im Jupitertempel auf dem Kapitol verwahrt wurden. Nachdem Augustus im Jahr 12 v. Chr. auch *pontifex maximus* geworden war, verlegte er einen Teil der Sibyllinischen Bücher in den Apollontempel auf

5 R. Gest. div. Aug. 20.

6 Allgemein dazu Haselberger (2007) 59–61; 85–93; Zanker (1983) v.a. 21–27.

7 Vgl. Zanker (1983) 21.

8 Augustus begann spätestens mit Mitte 20, sich mit Apollon zu identifizieren, vgl. dazu Bätz (2014) 74; Papini (2014) 36f.; Graf (2009) 127f.; Miller (1994) 100–102.

9 Vgl. Suet. Aug. 29,3: *addidit porticus cum bibliotheca Latina Graecaque* („[Augustus] fügte [dem Tempel des Apollon] eine Säulenhalle hinzu mit einer griechischen und einer lateinischen Bibliothek"). Zum Bibliotheksbau zusammenfassend Strocka (2012) 173–175; eine virtuelle Rekonstruktion bei Fleury/Madeleine (2019) 175–181.

10 Vgl. Affleck (2013) 126–131.

dem Palatin.[11] Die bedeutenden Orakelbücher durften nur von einer speziellen Priestergruppe, selbstredend aber auch vom *pontifex maximus* als Oberpriester konsultiert werden. Daher brachte man sie in einem separaten Trakt des Tempels unter, nicht in der neuen öffentlichen Bibliothek. Die Deponierung dieser wichtigen Dokumente im symbolischen und zugleich direkten Zugriffsbereich des Augustus unterstrich dessen überragende Stellung, die im Rahmen der Herrschaftsideologie ausgeformt werden sollte.[12] Durch ihre bauliche Verbindung mit dem Apollontempel und dem Privathaus des Kaisers bildete auch die neu gegründete Bibliothek einen wichtigen Mosaikstein in der feingliedrigen Tektonik der augusteischen Herrschaftspropaganda. Nachdem die Verlegung der Sibyllinischen Bücher in die Obhut des Apollon als Orakelgott erfolgt war, rückte die Bibliothek den Kaiser in die Nähe des Apollon in seiner Eigenschaft als Musengott, der für Wissenschaft und Literatur verantwortlich war.[13] Tempel, Privathaus und Bibliothek des Augustus bildeten einen Dreiklang, der einerseits Gott und Kaiser konsequent miteinander verband und andererseits Letzteren als Förderer der schönen Künste stilisierte. Eine Statue des Apollon mit den Gesichtszügen des Augustus, die im Inneren der Bibliothek aufgestellt war, brachte diese Botschaft gleichsam zur Vollendung.[14] Durch die Konzentration auf dem Palatin, dem

11 Suet. Aug. 31,1; Serv. Aen. 6,72.

12 Vgl. Balensiefen (2002) 99–102. Über die Bezüge zur Sibylle von Cumae, die als Führerin durch die Unterwelt in Vergils *Aeneis* eine Schlüsselfunktion im Kontext der Prophezeiung vom Goldenen Zeitalter unter Augustus einnimmt (vgl. Verg. Aen. 6,791–805), erhielten die Sibyllinischen Bücher eine Bedeutung, die direkt auf Aeneas und die Anfänge Roms rekurrierte und daher für die augusteische Propaganda von zentraler Relevanz war.

13 Zu Apollon, dem Orakelgott, Graf (2009) v.a. 54–56; zu den seit hellenistischer Zeit separat fassbaren Eigenschaften Apollons als Patron der Dichtkunst Graf (2009) 159f.

14 Zur Apollonstatue in der Bibliothek vgl. Sch. Hor. epist. 1,3,17; Serv. ecl. 4,10 sowie Dix/Houston (2006) 684f.

Ort der frühesten Besiedlung der späteren *Urbs Roma*, verwies der Komplex zudem auf diverse Schauplätze der römischen Gründungssage um Romulus.[15]

Auf dem Palatin lag im übertragenen Sinn das neue Zentrum Roms. Die *Bibliotheca Palatina* wurde darin zur idealen Kulisse, die Geschichte der Stadt zum Ruhm des Kaisers fortzuschreiben. Ein- und Ausrichtung der Bibliothek auf dem Palatin waren nachdrücklich auf die Person des Augustus zugeschnitten. Der Kaiser bemühte sich insbesondere um Zugänge in der lateinischen Abteilung der Bibliothek und erwartete von den zeitgenössischen Poeten in seiner Umgebung ein entsprechendes Engagement.[16] Obgleich ein umfangreicher Bestand auch an griechischen Werken vorauszusetzen ist, sah Augustus' Agenda wohl nicht vor, die *Bibliotheca Palatina* zum römischen Pendant oder gar zu einer Art Nachfolgerin der einst riesigen Universalbibliothek von Alexandria auszuformen.[17]

2.3 Die Bibliothek in der *Porticus Octaviae*

Rund fünf Jahre nach der Einweihung der Anlagen auf dem Palatin gründete Augustus die dritte öffentliche Bibliothek in der Stadt. Sie befand sich in der *Porticus Octaviae*, einem von Augustus bis 23 v. Chr. erneuerten Gebäudekomplex nahe des Marsfeldes, der

15 Vgl. Haselberger (2007) 91–93.

16 Vgl. Hor. epist. 2,1,214–218 zur Aufforderung des Augustus, literarisch zu produzieren und dazu Balensiefen (2002) 108 f. Aufgrund der erheblich jüngeren lateinischen Literaturtradition gestaltete sich der Bestandsaufbau für Augustus anfangs zweifelsohne schwierig. Das veranlasste ihn, an die zeitgenössischen Literaten zu appellieren; zur Herausforderung, die *Bibliotheca Palatina* unter Augustus adäquat mit lateinischen Werken zu befüllen Horsfall (1993) 62 f. Zu Lesungen und Vorträgen im Bereich des Apollontempels, die ebenfalls zur kulturellen Aufwertung des gesamten Komplexes beitrugen, Miller (2008) 43–51; Dix/Houston (2006) 683; Balensiefen (2002) 110–112.

17 Vgl. Mittler (2012) 302, der stattdessen Anknüpfungspunkte zur Bibliothek der Attaliden in Pergamon mit deren Charakter als „Hofbibliothek“ sieht.

nach Octavia, der Schwester des Kaisers, benannt war.[18] Die Bibliothek war laut Plutarch zu Ehren von Octavias Sohn Marcellus eröffnet worden, der von Augustus als Nachfolger ins Auge gefasst worden war, bis er im Jahr 23 v. Chr. überraschend starb.[19] Vermutlich erfolgte die Öffnung der Bibliothek wenig später.[20] Der Zweck dieser Büchersammlung erschließt sich weniger klar als im Falle der *Bibliotheca Palatina* mit deren programmatischer Einbettung in die augusteische Herrschaftsideologie. Eine Botschaft beinhaltete die Anlage der *Porticus Octaviae* freilich ebenfalls: Zum Neuanfang unter Augustus gehörte die Verschönerung der Hauptstadt, die der Kaiser, wie jeder wusste, zum Großteil aus eigener Tasche finanzierte. Jedes neue oder restaurierte Gebäude in Rom verband somit den Glanz des neuen Zeitalters mit der Person des Augustus.[21] Außer ihrem Standort ist von der Bibliothek in der *Porticus Octaviae* wenig bekannt. Kaum mehr als einige epigraphische Zeugnisse zu Bibliothekspersonal sowie die berühmte Episode vom missglückten Schenkungsversuch einer Buchrolle durch den exilierten Ovid belegen ihre Existenz.[22]

18 Die Bibliotheksgründung bei Cass. Dio 49,43,8. Zum Bau der *Porticus Octaviae* Suet. Aug. 29,4; Ov. ars 1,69–70; Fest. p. 188 L. Zu Lokalisierung und Baugeschichte der Anlage Balensiefen (2011) 151 f.; Haselberger (2007) 133–135; Viscogliosi (1999) 141 f.

19 Plut. Marc. 30,11.

20 Vgl. Balensiefen (2011) 124; Haselberger (2007) 135. Zurückhaltender bei der Datierung sind Dix/Houston (2006) 685 f.: „between 23 and 11" (686).

21 Vgl. Hölscher (2017) 27: Über die öffentlichen Baumaßnahmen „war Augustus gewiss omnipräsent, sei es als Akteur, sei es als Adressat". Sueton hat die baulichen Tätigkeiten des Augustus mit der berühmten, aber in jedem Fall übertriebenen Sentenz umschrieben *urbem latericium invenit, marmoream reliquit* (paraphrasiert nach Aug. 28,3: „[Augustus] fand eine Stadt aus Ziegeln vor und hinterließ eine Stadt aus Marmor").

22 Das epigraphische Material besteht aus Grabinschriften und bezeugt als Arbeitsbereiche der Verstorbenen lateinische respektive griechische Bestände der Bibliothek: CIL VI, 4431; 4435 (lateinische Abteilung); CIL VI,2348; 4433 (griechische Abteilung). In den *Tristia* schildert der beim Kaiser in Ungnade

2.4 Tiberius' Bibliotheksgründung im *Templum Divi Augusti*

Als Augustus hohen Alters im Jahr 14 starb, hatte er in vielen Bereichen vorgegeben, was die Bevölkerung von einem Kaiser erwarten durfte. Dazu gehörten mittlerweile vermutlich auch öffentliche Büchersammlungen. Da Augustus in fast jeder Hinsicht der Orientierungspunkt für seine Nachfolger in der julisch-claudischen Dynastie blieb, erscheint möglich, dass Tiberius (reg. 14–37) dem Vorbild des Augustus auch im Hinblick auf eine eigene Bibliotheksgründung entsprechen wollte.[23] Bezeichnenderweise richtete Tiberius kurz vor seinem Tod eine Bibliothek im neu geweihten *Templum Divi Augusti* zwischen Palatin und Kapitol ein.[24] Die Verortung der Bibliothek im Tempel des vergöttlichten Augustus und die wenigen bekannten Details zur Ausstattung zeigen, dass ein Bezug zu Roms erstem Kaiser für jeden Besucher augenfällig hergestellt war: Wie in der *Bibliotheca Palatina* soll sich auch in der Bibliothek im *Templum Divi Augusti* eine Monumentalstatue des mit Augustus so eng verknüpften Musengottes Apollon befunden haben.[25] Tiberius übergab der Stadt somit nicht nur eine weitere Bibliothek, sondern betonte durch die Wahl ihres Standortes auch Kontinuität und *pietas* gegenüber Augustus, den man noch immer allseits in guter Erinnerung hatte. Auf diese Weise berührte auch die Bibliotheksgründung des Tiberius den Bereich kaiserlicher Propaganda und besaß somit eine politische Dimension.[26]

gefallene Ovid das vergebliche Bemühen, ein Exemplar seines Werkes in den augusteischen Bibliotheken unterzubringen (trist. 3,1,59–72).

23 Zu Augustus als Bezugspunkt des Tiberius, insbesondere im Kontext der offiziellen Propaganda, zuletzt Cadario (2016) 19–22.

24 Suet. Tib. 74 (dort die Bezeichnung *bibliotheca templi novi*); Cass. Dio 57,10,2; 59,7,1 (zum Tempel). Zur Lokalisierung des Tempels Torelli (1993) 145 f. mit Datierung der Gründung auf das Jahr 37.

25 Vgl. Suet. Tib. 74; Plin. nat. 34,43.

26 Aufgrund der dünnen Quellenlage zum *Templum Divi Augusti* (und insbesondere zur Bibliothek) könnte die Einweihung des Gebäudes auch Caligula (reg.

2.5 Die flavische Bibliothek im *Templum Pacis*

Für die Zeit zwischen Tiberius und den flavischen Kaisern sind keine Bibliotheksgründungen bekannt. Allerdings schließt dieser Befund nicht aus, dass es mittlerweile noch weitere öffentliche Bibliotheken in Rom gab, wenn auch vermutlich unbedeutendere.[27] Im Jahr 75 verwendete Vespasian (reg. 69–79) die Beute des Jüdischen Krieges für die Errichtung des *Templum Pacis*, des Friedensforums, nördlich des *Forum Romanum*.[28] In dieser Anlage befand sich auch eine Bibliothek, deren Gründung zumeist mit Vespasian in Verbindung gebracht wird.[29] Spätestens im 2. Jahrhundert hatte sich das Friedensforum mit seiner Bibliothek nicht nur zu einem wichtigen Administrationszentrum, sondern auch zu einem maßgeblichen kulturellen Treffpunkt entwickelt, an dem sich die Verfügbarkeit von Büchern mit großen Auditorien für intellektuelle Debatten verband.[30]

37–41) kurz nach seiner Thronbesteigung vorgenommen haben, vgl. Fedeli (2012) 50; Strocka (2012) 175. Bei Caligula wäre das Bemühen um Anknüpfungspunkte an den Dynastiegründer Augustus noch stärker vorauszusetzen als bei Tiberius. Aufgrund der anzunehmenden Bauzeit wäre die Planung insgesamt freilich auf Tiberius zurückzuführen.

27 So auch Balensiefen (2011) 126f.; 132f.; Blanck (1992) 165.

28 Vgl. Ios. bell. Iud. 7,158–162; Plin. nat. 34,84; Cass. Dio 66,15. Zu den historischen und religiösen Hintergründen des Komplexes Tucci (2017) 3–14.

29 Vgl. Tucci (2017) v.a. 101–115 und Dix/Houston (2006) 691f. Die Bibliothek wird erwähnt bei Gell. 5,21,9; 16,8,2; SHA trig. tyr. 31,10. Tucci (2013) v.a. 284f.; (2017) 112f. schreibt die Einrichtung der Bibliothek nicht Vespasian, sondern dessen Sohn Domitian zu, dem dritten Flavier. Domitian habe die Bibliothek als Ersatz für die um das Jahr 80 zerstörte Bibliothek des Asinius Pollio geöffnet ([2013] 288; [2017] 113) und sich bei der baulichen Ausrichtung an der *Bibliotheca Palatina*, bestehend aus einem großen Saal mit Exedren und seitlichen Kolonnaden, orientiert ([2013] 286; [2017] 113).

30 Vgl. Gal. lib. prop. 2 = p. 21 K., wo von μεγάλα ἀκουστηρία im Bereich des *Templum Pacis* die Rede ist und dazu Nicholls (2019) 63–65 und Galli (2017) 100–102. Tucci (2013) 302f. veranschlagt die Bedeutung der Bibliothek, bezogen auf die dort verfügbaren Werke, eher gering. Andererseits deutet Galen

Inwieweit diese Ausprägung bereits von Vespasian intendiert war, bleibt ungewiss. Auch für den ersten Flavier erfüllte der gesamte Gebäudekomplex vor allem eine repräsentative und damit politische Funktion, indem er die Erfolge des Kaisers und das Eintreten des Friedens im gesamten Reich hervorhob. Die Botschaft ähnelte derjenigen des Augustus, an dem sich Vespasian nach den schwierigen Jahren unter Nero (reg. 54–68) ostentativ orientierte: So wie die *Bibliotheca Palatina* im Kontext des Apollontempels mit dem Triumph des Augustus im Krieg gegen Antonius und Kleopatra verbunden war, verwies die Bibliothek Vespasians gemeinsam mit dem gesamten Ensemble des *Templum Pacis* auf den Sieg in Judäa und stilisierte den Prinzeps zugleich als Förderer von Wissenschaft und Bildung.[31]

2.6 Domitians Umbauten an der *Bibliotheca Palatina*

Vespasians Sohn Domitian (reg. 81–96) realisierte vermutlich keinen Bibliotheksneubau, allerdings widmete er sich einer umfassenden Erneuerung der *Bibliotheca Palatina* im Zuge allgemeiner großräumiger Baumaßnahmen auf dem Palatin, die letztendlich in die Errichtung eines neuen Palastkomplex mündeten, der *Domus Flavia*.[32] Die einschneidendste Veränderung an der *Bibliotheca*

an, dass die Bibliothek für ihren Bestand an medizinischen Texten durchaus bekannt war (vgl. lib. prop. 2 = p. 19 K.; diff. puls. 1,1 = p. 495 K.).

31 Für die Memorierung des erfolgreich beendeten Jüdischen Krieges sorgten vor allem die imposanten Beutestücke aus Jerusalem, die im Inneren der Anlage präsentiert wurden, vgl. dazu Tucci (2017) 6. Auch wenn man mit P. L. Tucci annimmt, dass die Bibliothek erst unter Domitian entstand (siehe oben, S. 26, Anm. 29), bleibt die propagandistische Botschaft die gleiche. Da sich Domitian zu Beginn seiner Regierungszeit deutlich in die Tradition seines Vaters Vespasian (und seines Bruders Titus [reg. 79–81]) stellte (vgl. Günther [2009] 109–111; Tucci [2017] 112), behielt das *Templum Pacis* seine Aussagekraft hinsichtlich der militärischen Sieghaftigkeit der *gens Flavia* auch unter der Herrschaft des dritten Kaisers dieser Dynastie.

32 Den Anstoß für Domitians Palastbau hatte ein schwerer Brand im Jahr 80

Palatina bestand in ihrer baulichen Verdopplung. Nachdem die augusteische Bibliothek nur einen großen länglichen Saal aufgewiesen hatte, schuf Domitian eine Erweiterung um einen identischen Bibliotheksraum mit Säulenreihen und Exedren am Ende.[33] In diesen beiden Räumen, so lautet inzwischen die Communis opinio, befanden sich fortan die lateinischen und griechischen Bestände der Bibliothek.[34]

Die bauliche Separierung lateinischer und griechischer Texte wurde in der Forschung lange mit Augustus selbst in Verbindung gebracht und daher für die charakteristische Eigenschaft römischer Bibliotheken schlechthin gehalten.[35] Nachdem Augustus die Aufteilung vorgegeben habe, sei jeder Bibliotheksbau der Kaiserzeit diesem Vorbild gefolgt, so das lange vorherrschende Bild. Der ar-

gegeben, vgl. zu diesem Feuer Cass. Dio 66,24,1–2; Suet. Tit. 8.3. Möglicherweise standen die Neuerungen an der Bibliothek auf dem Palatin ebenfalls mit dem Feuer in Verbindung. Darauf deutet Suetons Bemerkung hin, Domitian habe sich um mehrere vom Brand verheerte Bibliotheken gekümmert (Dom. 20; siehe auch die Andeutung bei Stat. Silv. 1,1,34–35). Unstrittig ist, dass Domitian die Bibliothek in der *Porticus Octaviae* in Folge des Feuers renoviert hat, vgl. Tucci (2013) 277.

33 Dies belegen die bei Iacopi/Tedone (2005/2006) v. a. 351–355 dokumentierten Befunde. Dieser Chronologie folgen Tucci (2013) 277; 286; Strocka (2012) 173; Balensiefen (2011) 140. Vgl. auch Tucci (2017) 102: der zweite Saal als „faithful copy of the original single hall".

34 Zu Aufstellungspraxis und Systematisierung der kaiserzeitlichen Bibliotheken unten, S. 49–53.

35 Vgl. nur Neudecker (2004) 296: „[Augustus] errichtete […] seit 28 v. Chr. eine griechische und eine lateinische Bibliothek" oder Casson (2002) 114 f. Obwohl eher von der Datierung der Doppelbibliothek in flavischer Zeit ausgehend, erwägen Dix/Houston (2006) 683, dass die Formulierung Ρωμαικῇ βιβλιοθήκῃ in einem Papyrus aus Oxyrhynchos (P. Oxy. 2435,32), die als Ort eines Empfangs des Augustus im Apollontempel auf dem Palatin verwendet wird, auf eine architektonisch von der griechischen Abteilung getrennte lateinische Abteilung der Bibliothek hindeuten könnte – die dann bereits unter Augustus bestanden haben müsste.

chäologische Befund ließ diesen Schluss allerdings nie zu: Ohnehin nicht im Falle der Bibliothek in der *Porticus Octaviae* oder in der Bibliotheksgründung des Tiberius im *Templum Divi Augusti*, aber auch in der Bibliothek im *Templum Pacis* ist kein zweiter Saal für Schriftrollen nachweisbar. Auch die literarische Überlieferung spricht recht einhellig von nur einer lateinisch-griechischen Bibliothek unter Augustus ohne Verwendung des Plural.[36] Erst seit Domitians Erneuerung der *Bibliotheca Palatina* ab den 80er Jahren weisen römische Bibliotheken die bauliche Zweiteilung auf.[37]

2.7 Die Doppelbibliothek auf dem Trajansforum

Prägnanter als alle Büchersammlungen zuvor wurde die Bibliothek auf dem von Trajan (reg. 98–117) konzipierten und 112 oder 113 zwischen Quirinal und Kapitol eingeweihten Forum zur Repräsentation der kaiserlichen Herrschaft herangezogen.[38] Die wohl unter Trajans Nachfolger Hadrian (reg. 117–138) eröffnete Bibliothek bestand aus zwei Gebäuden, die die Querseiten eines Hofes im nordwestlichen Areal des Trajansforums symmetrisch

36 Die einzige Ausnahme stellt Cassius Dio dar (53,1,3; vgl. Iacopi/Tedone [2005/2006] 355), der sein Geschichtswerk erst um 200 verfasste, mithin über 100 Jahre nach dem Umbau Domitians.

37 Vgl. zusammenfassend Tucci (2013) 290.

38 Zur Bibliothek auf dem Trajansforum Mittler (2012) 303; Balensiefen (2011) 143f.; 153f.; Troncoso (2010) v.a. 235–240; Dix/Houston (2006) 695–699 sowie Packer (2001) 78–82 (mit einschlägigen, stellenweise aber wohl allzu detailreichen Rekonstruktionszeichnungen). Die Existenz der Büchersammlung belegen Gell. 11,17,1 (*bibliotheca templi Traiani*); Sidon. epist. 9,16,3; SHA Aurelian. 1,7; 1,10; 8,1; SHA Tac. 8,1 (in der *Historia Augusta* begegnet die häufig auch in der Forschung verwendete Bezeichnung *Bibliotheca Ulpia*, die sich an Trajans Geburtsnamen M. Ulpius Traianus anlehnt). Die Gründung deutet Cass. Dio 68,16,3 an: Κατεσκεύασε δὲ καὶ βιβλίων ἀποθήκας („Er [Trajan] richtete auch Aufbewahrungsorte für Bücher ein"); da die Stelle im Kontext der Bebauung des Trajansforums steht, bezieht sie sich vermutlich auf die dortigen Bibliotheksbauten.

begrenzten.[39] Beide Gebäude wiesen eine Grundfläche von über 400 m^2 auf. Damit war die Bibliothek die größte der öffentlichen Büchersammlungen in Rom.[40] Analog zum domitianischen Umbau der *Bibliotheca Palatina* befanden sich in den beiden Trakten vermutlich die griechischen und lateinischen Werke der Bibliothek. Mittig zwischen den Bibliotheksgebäuden stand die rund 35 m hohe Trajanssäule, deren Sockel als Grabstätte Trajans diente, während der Fries, der die Säule spiralförmig umlief, an die Siege des Kaisers über die Daker erinnerte.

Im Gesamtkonzept des Forums kam den gespiegelten Bauten der Bibliothek eine tragende Funktion zu. Die Büchersammlungen befanden sich nicht im Inneren bestehender oder neu errichteter Gebäude, so wie dies bei den Bibliotheken von Augustus oder Vespasian der Fall war, sondern erhielten exponierte eigene Standorte. Die symmetrische Gestaltung des Trajansforums hatte die beiden Bibliotheksbauten ausdrücklich miteinbezogen, sie trugen zur Wirkung der Anlage entscheidend bei. Das Areal memorierte vor allem die militärischen Erfolge Trajans und diente zur Vermeh-

39 Meneghini (2017) 260 f. zweifelt die Nutzung der beiden Gebäude als Bibliotheken unter Trajan grundsätzlich an, da sich eine frühe Bauphase nachweisen lasse, die einen Zugang zu den Wandnischen, die üblicherweise als Verwahrungsorte für Buchrollen interpretiert werden, unmöglich gemacht hätte. Auch die ursprüngliche Größe der Nischen schließe ihre Nutzung als Bücherregale aus (vgl. zu dieser Hypothese bereits Meneghini [2002] v.a. 679–684). Gegen Ende der Regierungszeit Trajans, spätestens unter Hadrian, erhielten die Nischen jedoch ihre noch heute sichtbare Tiefe, Form und Zugänglichkeit und konnten damit als Stauraum für Buchrollen dienen, vgl. Dix/Houston (2006) 698 f. sowie Strocka (2012) 177 f., der R. Meneghinis Folgerungen in vielen Punkten zurückweist und vor allem aufgrund der umfassend literarisch bezeugten Nutzung von Schriftgut im Bereich des Trajansforums den Doppelbau schlicht als dessen plausibelsten Unterbringungsort betrachtet.

40 Zur Grundfläche Strocka (2012) 176 und Balensiefen (2011) 144, die sogar 540 m^2 angibt.

rung von dessen Prestige.[41] Offenbar betrachtete Trajan, der *optimus princeps*, wie ihn die Zeitgenossen nannten, die Einbindung von Bibliotheken im Nordwesten seines spektakulären Bauprojektes als adäquates Vehikel zur Formung und Festigung seines (Selbst)Bildes.[42] Wie gesehen, stellte er in dieser Hinsicht keine Ausnahme dar.

Die Bibliothek auf dem Trajansforum war nicht nur die größte, sondern auch die bedeutendste Büchersammlung in der Hauptstadt. Fragmente der *Forma Urbis Romae*, des monumentalen Stadtplanes von Rom aus severischer Zeit, deuten darauf hin, dass im Bereich des Trajansforums, aber wohl nicht direkt in den Bibliotheksbauten, seit dem 2. Jahrhundert auch Archivgut verwahrt wurde.[43] Die räumlich kombinierte Unterbringung von Akten und Büchern machte den Komplex zu einem herausragenden Informationszentrum. Bereits in den 20er Jahren des 2. Jahrhunderts erweiterte Hadrian den Charakter des Trajansforums im Rahmen diverser Baumaßnahmen in Rom, die im kulturellen Sektor mit der zeitgleichen Blüte der Zweiten Sophistik korrelierten. So entstanden am nördlichen Ende der Anlage drei große Auditorien, in denen sich die bildungsaffine Öffentlichkeit zu Vorträgen, Rezitationen und Lesungen versammelte. Vermutlich handelt es sich bei diesen seit 2007 ausgegrabenen Hallen um Reste des *Athenaeum*, das Hadrian als wissenschaftliche Begegnungs- und Unterrichts-

41 Zu diesen Aspekten des Trajansforums Strobel (2017) 59–62.

42 Zur Relevanz von Kultur und Literatur in der Herrschaftsideologie Trajans siehe Lefebvre (2010) 296–299.

43 Vgl. Carettoni (1960) Taf. 28 und 62 mit der Verortung eines [*ATRIVM*] *LIBERTATIS* auf dem Trajansforum, nur wenige Meter südöstlich der Bibliotheksbauten – wahrscheinlich war das *Atrium Libertatis*, das als Einrichtung die erste öffentliche Bibliothek in Rom und auch ein Archiv beinhaltet hatte, im 2. Jahrhundert in den Bereich des Trajansforums überführt worden, vgl. Dix/Houston (2006) 680.

stätte nach griechischem Vorbild in Rom errichten ließ.[44] Ähnlich wie beim *Templum Pacis* etablierte sich somit im Bereich des Trajansforums eine Bildungslandschaft, die aus mehreren Komponenten bestand – eine wichtige davon war hier wie dort die Bibliothek.[45]
Die Relevanz der Bibliothek auf dem Trajansforum spiegelt sich in ihrer mehr als 300 Jahre andauernden Geschichte, der längsten aller öffentlichen Büchersammlungen in Rom. Der Doppelbau existierte noch in der zweiten Hälfte des 5. Jahrhunderts, wenige Jahre, bevor das weströmische Kaisertum im Zuge der dramatischen Umbrüche der Spätantike endgültig erlosch.[46]

2.8 Bibliotheken in Thermen

Höchstwahrscheinlich entstand ab dem frühen 2. Jahrhundert eine weitere Zugangsmöglichkeit zu Literatur in Rom, die jenseits der öffentlichen Bibliotheken lag. Archäologische Befunde deuten darauf hin, dass erstmals unter Trajan die Verfügbarkeit von Büchern in einen neu gebauten Thermenkomplex integriert worden sein könnte.[47] Im Falle der 109 eröffneten Trajansthermen konzen-

44 Zu den Auditorien im Norden des Trajansforums und zu ihrem Zusammenhang mit dem *Athenaeum* Galli (2017) 92–96. Zur Einordnung des *Athenaeum* in Baupolitik und Herrschaftsideologie des hadrianischen Prinzipats Seebacher (2020) 192–196.

45 Vgl. dazu Nicholls (2019) 63–66 sowie zur Lage der Auditorien am Trajansforum Galli (2017) 95: „stretta relazione topografica con le due biblioteche del complesso traianeo“.

46 Das ergibt sich aus einem Brief des galloromischen Adligen Sidonius Apollinaris von ca. 455, der darin angibt, dass sich seine Statue nun ebenfalls in der von Trajan gegründeten Doppelbibliothek befinde (epist. 9,16,3).

47 Die Existenz von Büchersammlungen in den großen Thermen, einer der bekanntesten Aspekte der römischen Bibliothekswelt, wird in der Forschung nicht mehr ausnahmslos angenommen. So lehnen Dix/Houston (2006) 701–706 die Möglichkeit vor allem aufgrund wenig eindeutiger archäologischer Zeugnisse eher ab: „It may be that some of the imperial baths included librar-

triert sich die Argumentation auf zwei große halbrunde Exedren, die über eine Säulenreihe vom Badebereich separiert waren und rechteckige, für Bibliotheken charakteristische Nischen, sehr wahrscheinlich zur Verwendung als Bücherschränke, aufweisen.[48] Auch bei den Thermen Caracallas, die um 216 fertiggestellt wurden, und den im Jahr 306 eingeweihten Diocletiansthermen steht aufgrund archäologischer Indizien die Existenz von Büchersammlungen im Inneren der Badeanlagen zur Diskussion.[49]
Römische Bäder zählen nicht nur zu den eindrücklichsten Zeugnissen für Akkulturation und Romanisierung in den Provinzen, sondern gehörten insbesondere in Rom zu den bedeutendsten *beneficia*, die ein Kaiser für die Bevölkerung bereitstellen konnte.[50] Die großen kaiserlichen Thermen, beginnend mit den Bädern Agrippas, Neros und Titus' und weitergeführt im monumentalen Komplex der Trajansthermen, beinhalteten umfangreiche Kulturangebote. Der Besuch der häufig kostenfreien öffentlichen Thermen gehörte zum Alltag in Rom und wurde schichtenübergreifend regelmäßig vorgenommen. Aus diesem Grund erreichten die

ies, but at present there is no convincing evidence of such libraries" (702). Ein Großteil der Forschung geht indessen nach wie vor davon aus, dass es „mit großer Wahrscheinlichkeit" (Balensiefen [2011] 134) Thermenbibliotheken gegeben habe, vgl. allgemein dazu Strocka (2012) 179–181 sowie die Literatur in den folgenden Fußnoten.

48 Die betroffenen Exedren B und L der Trajansthermen befanden sich, nach außen gewölbt, an den Querseiten des ca. 300 m breiten Gebäudes, vgl. Fine Licht (1974) 11 und Strocka (2012) 179.

49 Vgl. Gensheimer (2018) 16 (Caracallathermen); Strocka (2012) 180 f. (Caracallathermen und Diocletiansthermen); Jenewein (2008) 180–182 (Caracallathermen). Möglicherweise bezieht sich die Grabinschrift CIL VI,8679 auf einen *vilicus*, einen Aufseher aus dem Sklavenstand, der in der griechischen Abteilung einer nicht genannten Thermenbibliothek eingesetzt war: *vilic*(*us*) *thermar*[*um…*] *bybliothec*(*ae*) *Graec*(*ae*). Zu den Schwierigkeiten, die Inschrift in dieser Weise zu lesen Houston (1996) 205 f.

50 Vgl. Gensheimer (2018) 10–14.

in den Thermenbibliotheken angebotenen Bücher eine erheblich umfangreichere Leserschaft als jene in den regulären öffentlichen Bibliotheken.

Grundsätzlich ist die Einbindung von Büchern in die Freizeitanlagen der Thermen deutlicher Ausdruck des vergleichsweise hohen Literalitätsgrades in Rom, denn die Unterbringung der Bücher ergab nur dann Sinn, wenn eine entsprechende Nutzung vorauszusetzen war.[51] Zudem knüpften die Thermenbibliotheken, wie die gesamte Ausgestaltung der großen römischen Bäder der Kaiserzeit, an das griechische Vorbild der Gymnasien an. Auch diese waren Orte körperlicher wie intellektueller Aktivität und beherbergten spätestens seit hellenistischer Zeit auch öffentliche Bibliotheken.[52]

2.9 Zusammenfassung

Die römischen Kaiser verwendeten Bibliotheken gezielt als Elemente größer konzipierter Gebäudekomplexe für die ideologische Imprägnierung ihrer Herrschaft. Im Interieur wurden Bücher und Beute, Götter und Kaiser miteinander in Relation gesetzt und zu einem Gesamtbild aus religiöser Verantwortung, kriegerischem Erfolg und kultureller Fürsorge verschmolzen. Bibliotheken dienten der Repräsentation und dem Prestige. Dementsprechend waren Bibliotheksgründungen in Rom ausschließlich Sache des Kaisers. Abgesehen von der spätrepublikanischen Gründung Pollios existierte keine öffentliche Bibliothek in der Hauptstadt, die nicht auf Initiative des Kaisers oder der Kaiserfamilie entstand.[53] Der Prinzeps verfügte über das nötige Geld und die nötigen Absichten.

51 Zu den kulturellen Grundlagen der Nutzung öffentlicher Bibliotheken in Rom unten, S. 43–47.

52 Vgl. Dix (2000) 450. Bezeichnenderweise verwendet Cassius Dio für die Trajansthermen den Ausdruck γυμνάσιον (69,4,1).

53 Zur herausragenden Rolle der Kaiser im stadtrömischen Bibliothekswesen zusammenfassend Bowie (2013) 259 f.; Balensiefen (2011) 124 f. und Neudecker (2004) 294; 300 f.

Dabei schien insbesondere nach einem Dynastiewechsel die Motivation gegeben, Reputation und Ansehen mit Hilfe einer öffentlich zugänglichen Büchersammlung zu gewinnen: Für Augustus, den Begründer der julisch-claudischen Dynastie, gilt dies ohnehin. Aber auch Vespasian, nach Neros Ende der erste Flavier, und Trajan, der nach dem Untergang Domitians und dem 16monatigen Zwischenspiel unter Nerva als erster Adoptivkaiser den Kaiserpurpur anlegte, läuteten die neuen Epochen unter anderem mit Eröffnungen oder Planungen von Bibliotheken ein.
Unklar bleibt, inwieweit das Interesse an Büchern von größeren Teilen der Bevölkerung aktiv artikuliert wurde und es zulässig wäre, Iuvenals satirische Verengung der in der Kaiserzeit verbliebenen Bedürfnisse des Volks auf *panem et circenses*, auf Brot und Spiele, um den Faktor Bücher zu erweitern.[54] Zumindest die intellektuellen Eliten folgten dem in Form von Bibliotheksbauten praktizierten Euergetismus der Kaiser mit breiter Überzeugung. Schließlich knüpften Augustus, Tiberius, Vespasian oder Trajan mit ihren Bibliotheken deutlich an aristokratische Traditionen an. Auch die spätrepublikanischen Adligen hatten ihre privaten Büchersammlungen präsentiert und Standesgenossen und Klienten zur Nutzung eingeladen.[55] Durch die Unterbringung der Bücher in Gebäudekomplexen mit dezidierter Verbindung zum Prinzeps lebte diese Praxis in der Kaiserzeit fort.[56] Dabei hatte sich die zu erreichende Zielgruppe für den Kaiser deutlich erweitert. Adressaten seines Handelns waren nicht länger konkurrierende Adlige

54 Die viel zitierte Abrechnung mit der vermeintlich unpolitischen Masse der kaiserzeitlichen *plebs* bei Iuv. 10,81. Besonders skeptisch bezüglich einer breiteren Nutzung der öffentlichen Bibliotheken in Rom ist Blanck (1992) 217.

55 Vorbildhaft wirkt hier vor allem Lucullus, der seine Bibliothek laut Plutarch für jeden (πᾶσι) offengehalten habe, unter anderem für griechische Gelehrte, vermutlich Freigelassene, die sich als Lucullus‘ Klienten in dessen Umgebung aufhielten (vgl. Plut. Luc. 42,1).

56 Vgl. Houston (2002) v. a. 151 f.

oder einzelne Klienten, die es zu beeindrucken oder zu protegieren galt. Stattdessen war der Kaiser zum *patronus* der gesamten Bevölkerung der Hauptstadt geworden und in dieser Rolle zu Wohltaten und patronaler Fürsorge, zu *beneficia*, verpflichtet. Sie sicherten die Akzeptanz gegenüber dem Herrscher gleichermaßen seitens adliger wie nichtadliger Untertanen.

Die Bibliotheksangebote in den Thermen weisen in eine ähnliche Richtung und markierten zugleich neue Wege. Die archäologischen Befunde machen etwaige Büchersammlungen in Thermen erst ab dem frühen 2. Jahrhundert plausibel. Zur gleichen Zeit ist mit der Einweihung der Bibliothek auf dem Trajansforum die letzte Gründung einer öffentlichen Bibliothek in Rom gesichert überliefert.[57] Möglicherweise trat die Einrichtung von Thermenbibliotheken in komplementärer Weise an diese Stelle. Auch große Badekomplexe konnten seitens der Bevölkerung als Gradmesser für einen guten Kaiser herangezogen werden. Dabei dürfte die Ausgestaltungsvielfalt innerhalb der Thermen durchaus eine Rolle gespielt haben und die Förderung von Literatur und Buchkultur in ihren Mauern kein Nachteil gewesen sein. Kanalisiert über die Thermenanlagen behielten die Bibliotheksangebote somit auch ab dem 2. Jahrhundert ihre repräsentativen Eigenschaften bei und blieben weiterhin ein stabilisierender Faktor für die kaiserliche Herrschaft.

57 Dies gilt indessen nicht für die Provinzen im Osten: Dort entstanden vor allem unter Trajan und dessen Nachfolger Hadrian einige der bedeutendsten Bibliotheksbauten der Antike, zum Teil von den Kaisern (Athen), zum Teil von privaten Stiftern (Ephesos, Nysa, Sagalassos) errichtet, vgl. zu dieser Entwicklung und ihren Hintergründen Coqueugniot (2010) 48–53.

Kapitel 3
Bibliotheken von außen und innen: Architektur, Benutzung, Bestände

3.1 Architektur

Soweit ein tragfähiger archäologischer Befund vorliegt – das gilt für die *Bibliotheca Palatina*, die Bibliothek im *Templum Pacis* und für die *Bibliotheca Ulpia* auf dem Trajansforum –, wiesen die öffentlichen Bibliotheken Roms etliche Formenmerkmale auf, die es rechtfertigen, von einer eigenen baulichen Typologie zu sprechen.[1] Als Gründungsbau ist die *Bibliotheca Palatina* zu betrachten.
Die ein- oder zweistöckigen römischen Bibliotheken bestanden aus mindestens einem großen Saal mit rechteckiger oder quadratischer Grundform, der an einer der Querseiten durch ausladende Türen betreten werden konnte.[2] Die Grundfläche dieser Säle betrug bei der *Bibliotheca Palatina*, bezogen auf den Bau des Augustus und dessen ‚Duplizierung' durch Domitian, jeweils ca. 340 m² und im Falle der flavischen Bibliothek im *Templum Pacis* ca. 300 m².[3] Die

1 Vgl. dazu vor allem Strocka (2012) 173–178 und Balensiefen (2011) 144–148.

2 Zu den beiden Stockwerken der *Bibliotheca Palatina* Strocka (2012) 174, der auch bei der Bibliothek im *Templum Pacis* eine Zweistöckigkeit annimmt (175). Dass die Bibliothek auf dem Trajansforum zwei Geschosse besaß, wird allgemein akzeptiert (vgl. Strocka [2012] 177). Eine leichte Abweichung von der eckigen Grundfläche bildeten die beiden Säle der *Bibliotheca Palatina*, deren südöstliche Querseiten apsidenförmige, nach außen gebogene Rundungen aufwiesen, vgl. Balensiefen (2011) 136.

3 Vgl. zur *Bibliotheca Palatina* Balensiefen (2011) 136; zum *Templum Pacis* Tuc-

größte Bibliothek in Rom war diejenige auf dem Trajansforum, deren beide Säle jeweils über 400 m² Grundfläche aufwiesen.[4] Den optischen Fluchtpunkt des Raumes bildete in allen drei Bibliotheken eine große Zentralnische an der dem Zugangsbereich gegenüberliegenden Querseite, mit großer Sicherheit zur Aufstellung einer Götter- oder Herrscherstatue.[5] Den Bibliothekssaal umlief ein flaches Podium, das an mehreren Stellen über Treppenstufen betreten werden konnte und bei der *Bibliotheca Palatina* und der *Bibliotheca Ulpia* nachweisbar ist.[6] Auf dem Niveau des Podiums, knapp einen Meter nach außen versetzt, waren in die Wände des Saales in regelmäßigen Abständen kleinere Nischen eingelassen. Treppenaufgänge führten in der *Bibliotheca Palatina* und in der *Bibliotheca Ulpia* zum oberen Stockwerk und machten die dortigen analog zum Erdgeschoss angelegten Nischen über eine Galerie zugänglich. Während im Falle der Bibliothek im *Templum Pacis* lediglich die Existenz dieser umlaufenden Nischen zweifelsfrei belegt ist,[7] sind für die *Bibliotheca Palatina* und für die Bibliothek auf dem Trajansforum sogar genauere Zahlen und Abmessungen bekannt: Bei der Bibliothek auf dem Palatin wiesen

ci (2017) 108 und Balensiefen (2011) 143.

4 Vgl. Strocka (2012) 176 (408 m²) und Balensiefen (2011) 144, die auf Basis des LTUR-Eintrages eine Grundfläche von jeweils 540 m² angibt. Für einen tabellarischen Vergleich der räumlichen Dimensionen wichtiger kaiserzeitlicher Bibliotheksbauten (im gesamten Imperium Romanum) siehe Sève (2010) 31.

5 In jenem Teil der *Bibliotheca Palatina*, der auf Augustus zurückging, stand eine Statue des Apollon (vgl. Sch. Hor. epist. 1,3,17; Serv. ecl. 4,10). Vermutlich befand sich in dem Saal, den Domitian als baugleiche Erweiterung errichten ließ, eine Statue Minervas, vgl. Balensiefen (2011) 140, Anm. 60. Auch von der Bibliothek im *Templum Divi Augusti* ist bekannt, dass sie eine Monumentalstatue des Apollon beherbergte, vgl. Suet. Tib. 74; Plin. nat. 34,43. Casson (2002) 120 f. nimmt an, dass in der *Bibliotheca Ulpia* eine Statue Trajans aufgestellt war.

6 Vgl. Balensiefen (2011) 137 (*Bibliotheca Palatina*); 144 (*Bibliotheca Ulpia*).

7 Vgl. Tucci (2017) 107 f.

die insgesamt 80 Einbuchtungen (jeweils 20 auf jedem Stockwerk der beiden Bibliotheksbauten) eine Höhe von ca. 3,8 m, eine Breite von 1,65 m und eine Tiefe von 0,6 m auf.[8] In der *Bibliotheca Ulpia* verhielt es sich ähnlich: Die geschätzte Höhe der bis zu 96 Nischen lag bei ca. 3,2 m (im oberen Galeriegeschoss bei 2,4 m), die Breite bei ca. 1,6 m und die Tiefe bei 0,6 m.[9] In diesen charakteristischen Nischen, geschützt durch hölzerne Schränke, *armariae*, lagerten die Buchrollen der Bibliotheken.[10]

3.2 Benutzung

Aus dem skizzierten architektonischen Erscheinungsbild römischer Bibliotheksbauten ergaben sich unmittelbare Konsequenzen für die Nutzungspraxis. Zunächst unterscheidet sich der Bautypus mit seinen zahlreichen signifikanten Eigenarten – Großraum, Zentralnische, Podium, Büchernischen – deutlich von den Bibliotheksbauten im griechischen Osten. Die dortigen Aufbewahrungsräume für Bücher scheinen keinen bestimmten Formen gefolgt zu sein und sind daher im archäologischen Befund nur schwer zu identifizieren; statt in architektonisch fassbaren Bücherschränken lagerten die Papyri in den Bibliotheken des Hellenismus in offenen Regalen, die archäologisch kaum Spuren hinterlassen konnten. Verwahrungs- und Nutzungsort der Bücher waren im Osten strikt getrennt. Man las und rezitierte die ausgehändigten Texte in angrenzenden Säulengängen, nicht in der magazinartigen und schmucklosen Umgebung der Bücherregale.[11] In den öffentlichen

8 Vgl. Strocka (2012) 174. Die Zählung von Balensiefen (2011) 136 führt zu 72 Nischen insgesamt.

9 Vgl. Strocka (2012) 177 und, mit ähnlichen Angaben, Casson (2002) 121.

10 Zu den *armariae* siehe Petrain (2013) 336–338 und Strocka (2012) 174 mit dem Hinweis, dass innerhalb der baulichen Strukturen keinerlei alternative Räumlichkeiten zur Deponierung von Schriftrollen nachweisbar seien.

11 Vgl. Casson (2002) 105 und 121 f. Ähnliches gilt für die meisten Privatbibliotheken, auch in Italien. Exemplarisch erscheint etwa die Bibliothek der Villa

Bibliotheken der Kaiserzeit wurde die bauliche Separierung von Aufbewahrung und Nutzung aufgelöst. Die Sammlungen bestanden aus einem Zentralraum, der ringsum von Büchern umgeben war. Im Prinzip handelte es sich um eine frühe Form moderner Lesesäle: In der Mitte befanden sich höchstwahrscheinlich Arbeitsplätze, in jedem Fall Sitzgelegenheiten. Die Idee der Bibliothek als Lern- und Arbeitsraum klang erstmals an. Leise war es allerdings nicht, denn im Unterschied zu heutigen Bibliotheken wurde in den römischen Büchersälen gesprochen und diskutiert.[12]

3.2.1 Praktische Gesichtspunkte

Das Angebot einer adäquaten Infrastruktur für die Konsultierung der Werke innerhalb der Bibliothek war notwendig, weil eine Ausleihe üblicherweise wohl nicht möglich war.[13] Lediglich zwei Ausnahmen bestätigen die anzunehmende Regel, von denen eine bezeichnenderweise in das Umfeld des jungen Marc Aurel gehört, der als Angehöriger des Kaiserhauses sehr wahrscheinlich spezielle Ausleihkonditionen genoss.[14]

dei Papiri: Deren ‚Bibliotheksräume' lassen sich lediglich aufgrund der dort vorgefundenen Papyrusfragmente als solche benennen. Als Aufenthaltsorte waren sie sicher nicht gedacht, sondern nur als Aufbewahrungsorte für die Bücher. Darauf deuten die geringen Abmessungen hin, vgl. Houston (2014) 88.

12 Vgl. die Beschreibung der Atmosphäre in den *Noctes Atticae*: Gellius sitzt mit einer Gruppe von Gefährten mitten in der Bibliothek und unterhält sich (11,17 und 13,20).

13 Vgl. Fedeli (2012) 56–58; Piacente (2011) 49 und Blanck (1992): „mit ziemlicher Sicherheit […] Präsenzbibliotheken". Von der ebenfalls in der Kaiserzeit (um 100) gegründeten öffentlichen Bibliothek des Pantainos in Athen ist das Verbot der Ausleihe aufgrund einer Inschrift bekannt, die oberhalb des Eingangs montiert war: βυβλίον οὔκ ἐξε|νεχθησέταὶ ἐπεί | ὠμοσάμεν („Ein Buch darf nicht herausgetragen werden, weil wir den Eid geschworen haben"; griechischer Text zitiert nach Meritt [1966] o. S., Abb. 32); zur Bibliothek des Pantainos Coqueugniot (2010) 45–48.

14 Vgl. Front. epist. 4,5: Der ca. 20jährige Marc Aurel hatte im vorliegenden Fall offenbar ein Buch aus der *Bibliotheca Palatina* entleihen dürfen und suggeriert

Innerhalb des Bibliothekssaales wurden die Bücher mit Hilfe von Katalogen recherchiert.[15] Diese dienten als Inventar- und Bestandslisten für die Bibliothek und damit zugleich als Nachweisinstrumente für Nutzer. Möglicherweise waren diese Listen offen als Tafeln in den Bibliotheken angebracht,[16] plausibler ist jedoch, dass sie als fortgeschriebene Schriftrollen in der Obhut des Bibliothekspersonals verwahrt waren und bei Bedarf abgefragt werden konnten. Für diese Lösung spricht, dass die selbstständige Entnahme von Büchern eher unwahrscheinlich ist und Nutzer sich ohnehin an die Mitarbeiter wenden mussten, wenn sie einen bestimmten Text suchten.[17] Die Wortwahl von Gellius ist diesbezüglich eindeutig. Als er und einige Freunde in der Bibliothek in der *Domus Tiberiana* sitzen, wird ihnen ein Buch gebracht (*prolatus* [...] *liber est*).[18] An anderer Stelle bekommt Gellius in der Bibliothek auf dem Trajansforum ein bestimmtes Werk ausgehändigt, obwohl er nach einem anderen Titel gefragt hatte.[19]

seinem Lehrer Fronto, an den der betreffende Brief gerichtet ist, dass eine Ausleihe womöglich auch in der Bibliothek in der *Domus Tiberiana* denkbar sei. Als prominenter Erzieher am Kaiserhof kann indessen auch Fronto nicht als durchschnittlicher Bibliotheksbenutzer betrachtet werden. Das zweite Beispiel betrifft die öffentliche Bibliothek in Tibur östlich von Rom. Dort entleiht das Mitglied einer Gesellschaft um Aulus Gellius, die sich *in otio* in der alten Latinerstadt aufhält, ein Buch aus der ansässigen Bibliothek, um seinen Gefährten gegenüber eine Behauptung zu belegen (vgl. Gell. 19,5,1–5 und dazu Piacente [2011] 49–51). Gellius nutzte die Bibliothek in Tibur häufiger (vgl. auch 9,14,3). Möglicherweise genoss er deswegen gewisse Sonderkonditionen, die es auch seinem Anhänger im beschriebenen Fall gestatteten, Buchrollen aus der Bibliothek zu entnehmen.

15 Dazu unten, S. 73 f.

16 Das vermutet Blanck (1992) 218.

17 Vgl. Sève (2010) 30 bezüglich der Verwahrung der Bücher in den öffentlichen Bibliotheken: „conservé sous clé“ sowie Houston (2014) 231.

18 Gell. 13,20,1.

19 Vgl. Gell. 11,17,1 und dazu Blanck (1992) 218, der das von Gellius verwendete Partizip *quaerentibus* ebenfalls im Sinne von „(nach)fragen“, „verlangen“ ver-

Die mit Signaturschildern versehenen Rollen lagerten in den Wandnischen in hölzernen Bücherschränken, die vor zu starker Lichteinstrahlung und Luftfeuchtigkeit schützten.[20] Zur besseren Auffindbarkeit der Schriftrollen konnten die Schränke ebenfalls einzeln beschriftet sein.[21] Mit Sicherheit dienten auch noch andere Elemente zur Orientierung innerhalb des Bibliothekssaales. In Bibliotheken, die lediglich aus einem Gebäude bestanden und eine sprachliche Systematisierung verwendeten, müssen Abteilungen für griechische und lateinische Literatur angezeigt gewesen sein. Es ist gut möglich, dass Büsten zwischen den einzelnen Nischen auf Standorte – die ‚Systemstellen' – bedeutender Autoren verwiesen.[22] Büsten als Ausstattungselement, ob als Wegweiser, zur Zierde oder vielleicht auch zum Transport einer ideologischen Botschaft, hatten bereits in der Bibliothek im *Atrium Libertatis* Verwendung gefunden.[23]

steht. Anders Fedeli (2012) 55, der *quaerere* hier mit „(selbst) suchen" übersetzt und daher annimmt, dass die Nutzer selbstständig auf die Bücherschränke zugreifen konnten.

20 Vgl. Sève (2010) 30.

21 Vgl. SHA Tac. 8,1: Die Stelle bezieht sich auf die *Bibliotheca Ulpia*.

22 Vgl. Petrain (2013) 338–345; Fideli (2012) 54; Balensiefen (2011) 143.

23 Vgl. Plin. nat. 7,115: Unter anderem stand dort eine *imago* Varros; Plinius betont, dass Varros Büste die einzige eines noch lebenden Mannes in der Bibliothek gewesen sei. Varro starb 27 v. Chr., daher könnte die Aufstellung der Büste auch auf Augustus und nicht auf Pollio zurückgegangen sein, wie Leonardis (2019) 23 mit Blick auf die diesbezüglich nicht eindeutige Pliniusstelle annimmt und daraus folgert, das Porträt Varros in der Bibliothek knüpfe an die Präsentation der *imagines* der Ahnen im Atrium eines römischen Hauses an und schlage somit einen symbolischen Bogen zwischen der neuen Zeit unter Augustus und der durch Varro repräsentierten Kultur der Republik. Bei den anderen indirekt von Plinius belegten Büsten in der Bibliothek konnte dieser mutmaßliche Anklang freilich nicht funktionieren: Die Zahl an römischen Autoren, deren Werke und Wirken mit den neuen politischen Verhältnissen zudem noch kompatibel gewesen sein müssen, war Ende des 1. Jahrhunderts v. Chr. noch verschwindend gering. Somit dürften neben Var-

Einzelheiten zu Öffnungszeiten sind für keine der Bibliotheken in Rom und Italien belegt. Vermutlich waren die Bibliotheken ab Sonnenaufgang zugänglich.[24] Um möglichst früh natürliches Licht nutzen zu können, sollten die Büchersammlungen, einer Empfehlung Vitruvs folgend, nach Osten ausgerichtet sein.[25] Aus Brandschutzgründen verbot sich die Verwendung von künstlichem Licht von selbst, daher schlossen die Bibliotheken vermutlich ihre Pforten, sobald die Lichtverhältnisse eine Nutzung nicht länger zuließen.[26]

3.2.2 Nutzergruppen

Die mutmaßlichen Öffnungszeiten der Bibliotheken grenzten die Gruppen der Nutzer bereits deutlich ein. Weder der Markthändler vom Velabrum noch der Betreiber einer Garküche aus der Subura konnte es sich leisten, während der Arbeitszeit die Bibliothekssäle aufzusuchen. Verwehrt hätte ihnen dies vermutlich niemand, wie das Wortfeld *publicus* andeutet, das in den Quellen im Kontext der Büchersammlungen verwendet wird.[27] Ähnlich wie die öffentli-

ro fast ausschließlich griechische Dichter und Denker mit einer Büste in der Bibliothek im *Atrium Libertatis* repräsentiert gewesen sein.

24 Vgl. Blanck (1992) 217.

25 Vitruv äußert die Orientierung nach Osten mehrfach (1,2,7; 6,4,1; 6,7,3) und verbindet sie mit Argumenten aus dem Bereich der Bestandserhaltung: Feuchter Westwind schade den Büchern und sorge für die Vermehrung von Ungeziefer.

26 Eine sehr konkrete Angabe zu Nutzungszeiten liefert die bereits erwähnte Inschrift aus der kaiserzeitlichen Pantainos-Bibliothek in Athen: Die Büchersammlung war zwischen der ersten und der sechsten Stunde geöffnet (ἀνυγη|σέται ἀπο Ὥρας πρω|τῆς μέχρὶ ἐκτῆς), mithin von Sonnenaufgang bis Mittag bzw. Nachmittag (die Inschrift bei Meritt [1966] o. S., Abb. 32). Da das Römische Forum von Athen, auf dem sich die Pantainos-Bibliothek befand, klar dem Vorbild römischer Stadtplanung folgte, kann die Angabe zu den Öffnungszeiten durchaus auf die Verhältnisse in Rom bezogen werden.

27 Vgl. zur geplanten Bibliothek Caesars Suet. Iul. 44,2; zur Bibliothek Pollios Isid. orig. 6,5,2; Plin. nat. 7,115; 35,10.

chen Gärten oder Thermenanlagen gehörten auch die öffentlichen Bibliotheken zu den kaiserlichen *beneficia* im kulturellen Bereich und waren daher prinzipiell für die Bevölkerung zugänglich.[28]
Gleichwohl entsprachen die Öffnungszeiten der Bibliotheken in Rom nicht den Tagesabläufen der Handwerker und Händler, sondern jenen der intellektuellen und politischen Elite der Stadt.[29] Juristen, Historiker, Schriftsteller, Politiker, die höchstwahrscheinlich zu großen Teilen den beiden obersten Gesellschaftsschichten Roms angehörten, dem *ordo senatorius*, dem Senatorenstand, und dem *ordo equester*, dem Ritterstand, nutzten die Bibliotheken der Kaiserzeit. Diese Personengruppen hatten Zeit, Muße und nicht zuletzt Gründe, die Büchersammlungen zu besuchen: Dass sich fast alle Einzelnachrichten über Bibliotheksnutzung in Rom auf diese relativ dünne und elitäre Schicht an Besuchern konzentrieren, hängt freilich auch damit zusammen, dass dieser Personenkreis häufig genug selbst literarisch tätig war.[30] Aulus Gellius hatte keinen Anlass, über andere Bibliotheksbesucher zu berichten, zumal er ohnehin nie den Standort Bibliothek in den Fokus rückte, sondern ihn lediglich als Kulisse der Gelehrtenwelt des 2. Jahrhunderts inszenierte.[31]
Insofern bleibt letzten Endes unklar, ob nicht auch andere gesellschaftliche Schichten zumindest gelegentlich in den Bibliotheken zugegen waren. Viel spricht nicht dafür, denn dass die Inhalte der Bibliotheken mit ihren vorwiegend hochspeziellen und wissenschaftlichen Schwerpunkten das Interesse breiterer Bevölkerungsgruppen widerspiegelten, muss unbedingt bezweifelt werden.[32]

28 Vgl. Nicholls (2013) 261 f.
29 Vgl. Neudecker (2004) 301.
30 Vgl. Blanck (1992) 217.
31 Vgl. zum Beispiel die angeregten Debatten in Gell. 11,17 und 13,20.
32 Blanck (1992) 217 konstatiert gar „ein allgemeines Desinteresse der unteren Volksschichten an der Literatur“ und liegt damit vermutlich nicht ganz falsch.

Darüber hinaus ist die Frage nach Nutzungsgruppen grundsätzlich verknüpft mit der Frage nach der Literarisierung in Rom. Zwar besaßen seit der späten Republik immer mehr Menschen zumindest grundlegende Fähigkeiten im Lesen und Schreiben, doch die Zahl derjenigen, die wissenschaftliche Texte aktiv rezipierend hätten zur Kenntnis nehmen können, war ungleich geringer.[33]
Man blieb in den Bibliotheken somit vermutlich unter sich.[34]
Neben den Bürgern, die fast ausschließlich wohlhabenden, intellektuellen und literarischen Milieus angehörten, hatten sicherlich auch Sklaven, die zur Konsultation eines Buches oder zur Überprüfung eines Sachverhaltes in die Bibliotheken entsandt wurden, mit einem entsprechenden Schreiben des Herrn Zutritt zu den Büchersammlungen.
Ob auch Frauen die öffentlichen Bibliotheken nutzten, ist den Quellen nicht direkt zu entnehmen. Unter den vielen Einzelnachrichten findet sich kein diesbezügliches Beispiel. Die schulische Ausbildung zumindest von Frauen aus der Oberschicht lässt die Möglichkeit prinzipiell zu.[35] Manche vornehme Römerin verfüg-

33 Auf die meisten Zeitgenossen der Kaiserzeit traf vermutlich Senecas Definition eines *illiteratus* zu: nicht vollkommen ungebildet, aber auch nicht für höhere intellektuelle Weihen geeignet (benef. 5,13,3: *dicimus* [...] *inlitteratum non ex toto rudem, sed ad litteras altiores non perductum*). Zum grundsätzlichen Anstieg der Lesefähigkeit (bei gleichzeitiger Begrenztheit im Ganzen) in der frühen und hohen Kaiserzeit siehe Weeber (2014) 8 f.; Cavallo (2010) 217; Dortmund (2001) 68–70 sowie ausführlich Harris (1989) 175–284.

34 Zu weit geht Blanck (1992) 217, der erwägt, dass Eintrittsgelder verlangt wurden, die die intellektuellen Zirkel in den Bibliotheken vor unpassenden Besuchern bewahrten.

35 Vgl. dazu Weeber (2014) 101–110 und Hemelrijk (1999) 20–23 mit Beispielen für *puellae* bzw. *matronae doctae*. Für Frauen außerhalb der gesellschaftlichen Elite fällt eine Einschätzung der Lese- und Schreibfähigkeit schwer. Es existieren bis Ende des 2. Jahrhunderts lediglich drei unmittelbar überlieferte Schriftzeugnisse auf Latein, die nachweislich von Frauen aus der Mittel- und Unterschicht verfasst wurden. Bei zwei Texten handelt es sich um Graffiti aus Pompeji (CIL IV,1578; 5372; die Sätze zeigen an, dass beide Frauen als

te über persönliche Sklavinnen, die als *librariae* für Schreib- und Kopieraufgaben zuständig waren und damit ohne Weiteres auch eine private Bibliothek der Herrin bestückt und gepflegt haben könnten.[36] Octavia, der Schwester des Augustus, wurden mehrere literarische Werke gewidmet.[37] Offenbar hatte Octavia Verbindungen und Affinitäten zur Literaturszene ihrer Zeit, wahrscheinlich hatte sie an der Bibliotheksgründung in der *Porticus Octaviae* sogar aktiv mitgewirkt.[38] Eigene schriftstellerische Produktivität, die bei vielen der männlichen Bibliotheksbenutzer zum Besuch der Büchersammlungen motivierte, spielte bei Frauen indessen nur eine untergeordnete Rolle. Die Gedichte der Sulpicia aus der Zeit des Augustus sind ebenso eine Ausnahme wie die Autobiographie Agrippinas, der Mutter Neros, die noch Tacitus und Plinius verwendeten.[39] Frauen in öffentlichen Bibliotheken werden auch

Prostituierte arbeiteten), den dritten Fall stellen drei Briefe dar, die die Gattin eines im nordenglischen Vindolanda stationierten Soldaten einer Bekannten schrieb (Tab. Vindol. 291; 292; 293). Diese Beispiele deuten immerhin auf einen geübten Umgang mit Schrift hin. Da es in privaten wie beruflichen Kontexten üblich war, schriftliche Abfassungen an Sklaven oder Mitarbeiter – beiden Geschlechts – zu delegieren (etwa als Diktate oder im Falle von Listen und Kontierungen in ökonomischen Umgebungen), geben kaiserzeitliche Autographen keinen zuverlässigen Einblick in die faktisch verbreitete Schreibfähigkeit, vgl. Cavallo (2010) 219f.

36 Zu den vor allem epigraphisch belegten *librariae* und anderem weiblichem Schreibpersonal, das nicht generell dem Sklavenstand angehörte, Haines-Eitzen (1998) v.a. 634–637 und Bradley (2019) 264.

37 Zu einer Widmung des Stoikers Athenodoros an Octavia siehe Plut. Publ. 17,8 sowie Dix/Houston (2006) 687, Anm. 110 mit weiteren Beispielen.

38 Vgl. Dix/Houston (2006) 685. Zu Octavias Patronage zeitgenössischer Literatur Hemelrijk (1999) 104–108.

39 Zu den Gedichten Sulpicias, die im Umfeld des augusteischen Dichters Tibull entstanden, siehe Fulkerson (2017) 46–53 und 221–224. Zur Autobiographie Agrippinas siehe Tac. ann. 4,53,3 und Plin. nat. 7,46. Freilich ist nicht auszuschließen, dass Mädchen und Frauen aus der Oberschicht deutlich häufiger literarisch tätig waren als die Überlieferung suggeriert, vgl. Fulkerson (2017)

deswegen ein seltenes Bild gewesen sein, da eine exponiert herausgestellte Begeisterung für Literatur und Kultur nicht dem gesellschaftlichen Ideal der römischen *matrona* entsprach.[40]

3.2.3 Nutzungszwecke

Die Kaiser verfolgten mit den opulent ausgestatteten und ausdrücklich auf Repräsentation und Wirkung abzielenden Bibliothekssälen noch weitere Nutzungszwecke. Zumindest Augustus und Tiberius hielten gelegentlich Senatssitzungen in den Bibliotheken ab. Genannt wird im Falle des Augustus die *Bibliotheca Palatina*, im Fall des Tiberius die Bibliothek in der *Porticus Octaviae*.[41] In eine ähnliche Richtung weist auch der papyrologisch überlieferte Empfang einer alexandrinischen Gesandtschaft, den Augustus hochbetagt, aber vermutlich dennoch effektvoll, in der palatinischen Ρωμαικῇ βιβλιοθήκῃ, der lateinischen Abteilung der *Bibliotheca Palatina*, Anfang des Jahres 13 durchführte.[42] Die Inszenierung des Treffens inmitten einer Büchersammlung, die

47 und Hemelrijk (1999) v.a. 183f., die auf die Abhängigkeit der Frauen von den Verbindungen ihrer männlichen Verwandten in die Literaturkreise der Zeit hinweist.

40 Bezeichnenderweise wünscht sich der Epigrammatiker Martial für sein Lebensglück unter anderem eine *non doctissima coniunx* („keine hochgebildete Ehefrau"; 2,90,9). Allgemein zur Bildungssituation von Römerinnen aus der Oberschicht der Kaiserzeit Hemelrijk (1999) 20–58. Zu den gesellschaftlichen Erwartungen an eine römische Ehefrau ausführlich Treggiari (1991) 183–261.

41 Vgl. Suet. Aug. 29,3: Laut Sueton nutzte Augustus die palatinische Bibliothek im Alter offenbar häufig (*saepe*) für diesen Zweck. Zu Senatssitzungen in der Bibliothek in der *Porticus Octaviae* unter Tiberius siehe Cass. Dio 55,8,1.

42 P. Oxy. 2435,32. Die Datierung dieses Ereignisses auf das vorletzte Regierungsjahr des Augustus ergänzt sich gut mit der Angabe Suetons in der vorigen Fußnote zu den Sitzungsgepflogenheiten des alt gewordenen Prinzeps. Dass die bauliche Verbindung der *Bibliotheca Palatina* mit dem Privathaus des Augustus hier auch pragmatisch genutzt wurde, minderte mutmaßlich nicht die besondere Atmosphäre, die der Bibliothekssaal erzeugte.

ausschließlich lateinische Werke enthielt, sollte die Besucher aus Alexandria sicherlich beeindrucken und dürfte damit der Selbstdarstellung des Augustus gedient haben.

Für den repräsentativen Charakter der öffentlichen Bibliotheken sorgten Kunstwerke, Statuen und Büsten im Inneren und eine imposante Architektur im Äußeren, die mitunter in exakt komponierte Bauanlagen integriert war.[43] Dies alles wirkt übertrieben, nimmt man lediglich vereinzelte Intellektuelle als Adressaten der Bibliotheksbauten an.[44] Auch wenn es für jeden Herrscher vordringlich darum ging, den Ansprüchen und Erwartungen der geistigen und gesellschaftlichen Eliten gerecht zu werden, galt es stets auch, die breite Bevölkerung, die zweite für den Kaiser wesentliche Zielgruppe in Rom, mit politischen oder baulichen Maßnahmen anzusprechen. An sie richtete sich alles, was in und an den Bibliotheken über die Verwahrung von Büchern hinausging: ein prächtiges Gebäude, Dekorationen im Inneren (die zumindest über große Fenster und Türen bestaunt werden konnten), belebte Vorplätze als Treffpunkte. Kaiserliche Bibliotheksbauten erreichten somit eine erheblich größere Öffentlichkeit als lediglich den engen Kreis der intellektuellen Nutzerschaft.[45]

In diesem Zusammenhang überliefert Galen zur Frequentierung der Bibliothek im *Templum Pacis* ein besonderes Detail: Aufgrund der zahlreichen Mediziner, die mit den Beständen der Bibliothek arbeiteten, hätten sich regelmäßig auch Bürger und Passanten im Bereich des *Templum Pacis* eingefunden, um sich den Puls messen zu lassen.[46] Auch wenn die ‚Patienten' wohl außerhalb der Bibliothek blieben und die Untersuchungen vermutlich auf dem Vor-

43 Zur prachtvollen Ausstattung der Bibliotheken siehe Nicholls (2013) 263 f.; zu den Porträtbüsten innerhalb der Bibliothekssäle siehe Petrain (2013) 336–345.

44 So auch Nicholls (2013) 262.

45 Vgl. Nicholls (2013) 276.

46 Vgl. Gal. diff. puls. 1,1 = p. 495 K.

platz stattfanden – die Nutzung der Bibliothek durch eine spezifische Gruppe strahlte hier auf andere Bevölkerungsteile ab, die einem Besuch der Büchersammlung ansonsten womöglich weniger nahe standen.

3.3 Bestände

Römische Bibliotheken verfügten zumindest seit der späten Republik sowohl über griechische als auch über lateinische Werke, wobei der Anteil der griechischen Autoren zunächst noch deutlich überwog. Die Zurschaustellung beider Sprachbereiche transportierte die besonders von Cicero intellektuell vorgeprägte und von Augustus weiter vorangetriebene Botschaft, dass nunmehr eine kulturelle Ebenbürtigkeit zwischen Griechenland und Rom eingetreten sei.[47]

3.3.1 Systematisierung und Aufstellungspraxis

Die Systematisierung der Bibliotheksbestände basierte in frühester Form auf einer Unterscheidung der Sprachen Griechisch und Latein. Dies blieb auch im weiteren Verlauf der Kaiserzeit ein zentrales Kriterium, wenngleich sehr wahrscheinlich noch andere Sortierungsmöglichkeiten zur Anwendung kamen. Die nach Sprachen geordnete Aufteilung der Bestände begegnet zum ersten Mal im Zusammenhang mit der Bibliothek von Ciceros Bruder Quintus in einem Brief aus dem Jahr 54 v. Chr. und ist auch für einige Privatbibliotheken der Kaiserzeit bezeugt.[48] Die öffentli-

47 Zum ernüchterten Blick Ciceros auf den Stand der genuin römischen Kulturleistungen in der Republik vgl. Tusc. 1,3–1,6 oder leg. 1,5–6, wo auch der Anspruch nach mehr Augenhöhe zwischen griechischer und lateinischer Literatur artikuliert wird. Zur Rolle des Augustus bei der Inszenierung römischer Eigenständigkeit im öffentlichen Bibliothekswesen Petrain (2013) 333–336.

48 Zur Bibliothek von Quintus siehe Cic. ad Q. fr. 3,4,5. Auch die in situ entdeckte Privatbibliothek in der Villa dei Papiri in Herculaneum wies eine Zweiteilung auf, wie ein geschlossener Fund von mehreren lateinischen

chen Bibliotheken in Rom folgten dieser Ordnung offenbar von Anfang an. Isidor von Sevilla überliefert, dass bereits die Bibliothek Pollios beide Bereiche enthalten habe.[49] Sueton berichtet von der *Bibliotheca Palatina* das Gleiche.[50] Frühkaiserzeitliche Grabinschriften von Sklaven und Freigelassenen, die in der Bibliothek in der *Porticus Octaviae* arbeiteten, benennen die Zuständigkeit der Verstorbenen für die jeweiligen Abteilungen – die *bibliotheca Latina* respektive die *bibliotheca Graeca*.[51] Diese epigraphischen und literarischen Zeugnisse zeigen an, dass es in den vorliegenden Fällen eine organisatorische Unterscheidung zwischen griechischen und lateinischen Beständen gegeben haben muss. Eigene lateinische Abteilungen sind nicht zuletzt aus ‚kulturpolitischen' Gründen zu erwarten. Papyrusrollen römischer Autoren, die in einem erdrückenden Übergewicht an griechischen Texten kaum zur Geltung kamen – dieses Bild entsprach nicht den Vorstellungen vieler spätrepublikanischer und frühkaiserzeitlicher Eliten und schon gar nicht denen des Augustus. Wahrscheinlich wurden selbst lateinische Übersetzungen griechischer Texte eher in der jeweiligen *bi-*

Papyrusrollen inmitten eines griechischen Bestandes vermuten lässt, vgl. Fedeli (2012) 41 und Blanck (1992) 159. Allgemein zur Fundlage der Villa dei Papiri Houston (2014) 88. Ein Indiz für die üblicherweise getrennte Sortierung von lateinischen und griechischen Werken ist schließlich auch die prahlerische Äußerung des reichen Freigelassenen Trimalchio in Petrons Roman *Satyricon* (48,4): *II bybliothecas habeo, unam Graecam, unam Latinam* („ich besitze zwei Bibliotheken, eine griechische und eine lateinische").

49 Isid. orig. 6,5,2. Laut Sueton hatte auch Caesar die Zweiteilung in seinem nicht realisierten Bibliotheksprojekt vorgesehen (Iul. 44,2). Dies ist durchaus plausibel, nachdem Caesar ebenfalls auf Varro zurückgreifen wollte, der dann wenig später wohl in die Bibliotheksgründung Pollios eingebunden war.

50 Suet. Aug. 29,3: *addidit porticus cum bibliotheca Latina Graecaque* („[Augustus] fügte [dem Tempel des Apollon] eine Säulenhalle hinzu mit einer griechischen und einer lateinischen Bibliothek").

51 Vgl. CIL VI,4431; 4435 (*bibliotheca Latina*); CIL VI,2348; 4433 (*bibliotheca Graeca*).

bliotheca Latina untergebracht, da man sie als eigenständige Werke betrachtete.[52]

Bis in die letzten zwei Jahrzehnte des 1. Jahrhunderts deutet nichts auf eine Übernahme der sprachlichen Systematik in der Architektur hin. Griechische und lateinische Papyri waren in der römischen Welt für rund 100 Jahre grundsätzlich in einem gemeinsamen Bibliothekssaal untergebracht. Der Umbau der *Bibliotheca Palatina* durch Domitian ab den 80er Jahren machte erstmals eine auch bauliche Trennung der beiden Bereiche möglich.[53] Sicherlich hatte die stetige Zunahme an lateinischer Literatur im 1. Jahrhundert Einfluss auf diese Entwicklung, denn zu Beginn der augusteischen Zeit hätten zwei Bibliotheksgebäude von identischer Größe angesichts des noch signifikanten Übergewichts an griechischen Werken nicht sehr viel Sinn ergeben.[54] Zur Zeit der Gründung der Bibliothek auf dem Trajansforum, Anfang des 2. Jahrhunderts, waren diese Unterschiede vollkommen marginalisiert. Dementsprechend wies der Komplex zwei separate und in die Gesamtarchitektur der Anlage gleichwertig eingebettete Bibliotheksbauten auf, die höchstwahrscheinlich die griechischen und lateinischen Bestände beherbergten.

Ob die Systematisierung in den öffentlichen Bibliotheken grundsätzlich auf Basis der Sprache erfolgte, ist unklar. Es wäre möglich,

52 Zur römischen Übersetzungspraxis, die von einer allzu engen wörtlichen Übertragung häufig bewusst abwich und stattdessen das Übertreffen des in der Regel griechischen Originaltexts idealisierte, Adams (2019) 151–155.

53 Siehe oben, S. 27–29. Aus dem Kontext der *Bibliotheca Palatina* existieren Inschriften, die jenen der *Porticus Octaviae* auffallend ähneln (CIL VI,5188: *bibliotheca Graeca*; CIL VI,5189; 5191; 5884: *bibliotheca Latina*). Abhängig von ihrer Datierung drücken die Inschriften entweder ebenfalls die inhaltliche Zuständigkeit der genannten Personen aus oder aber zugleich die räumliche, was seit Domitian zumindest theoretisch möglich wäre.

54 Vgl. Neudecker (2004) 295 und Horsfall (1993) 59, der die um immerhin fünf Jahrhunderte weiter zurückreichende griechische Literaturtradition betont.

dass die Büchersammlungen im Laufe der Kaiserzeit auch nach inhaltlichen und thematischen Aspekten oder, im Falle der Übernahme geschlossener Bestände, nach Provenienz geordnet waren.[55] Unterschiedliche Handhabungen in einzelnen Bibliotheken, abhängig von räumlichen Faktoren, aber vor allem vom jeweiligen Bestand, sind nicht ausgeschlossen.[56] Für die partielle Ablösung strikt getrennter griechischer und lateinischer Bereiche spricht immerhin die fast selbstverständliche Bilingualität der römischen Intellektuellen sowie die spätestens ab Ende des 1. Jahrhunderts kaum noch notwendige Aufwertung lateinischer Literatur im kulturellen Alltag des *orbis Romanus*, die Augustus 100 Jahre zuvor noch berücksichtigt hatte.

Eine Aufstellung, die rein formal nach Medientypen unterschieden hätte, kam in den ersten Jahrhunderten der Kaiserzeit noch nicht in Betracht. Auch wenn bereits im späten 1. Jahrhundert vereinzelt kompakte Pergamentkodizes in Gebrauch waren, in den römischen Bibliotheken bewegte sich ihr Umfang, wenn überhaupt, für lange Zeit im Promillebereich.[57] Die Werke in den

55 Das vermutet Nicholls (2010) v.a. 18–21, der generelle Skepsis hinsichtlich der getrennten Aufstellung lateinischer und griechischer Werke äußert. Ablehnend ist diesbezüglich auch Glorius (2016) v.a. 70f., mit starker Argumentation über die literarischen Belege. Diesen gegenüber stehen jedoch andere Indizien für die bauliche Trennung, etwa aus dem kulturgeschichtlichen Bereich. Für die augusteische Zeit ist insbesondere der epigraphische Befund eindeutig, und auch für die Zeit ab den Flaviern gibt es keine sicheren Hinweise auf eine Ablösung des Prinzips: Dass in den doppelten Bibliotheksbauten ab Domitian grundsätzlich eine auf inhaltlichen Kriterien fußende Bestandstrennung realisiert worden sei, wie M. Nicholls annimmt (20f.), bleibt daher letztlich ebenso spekulativ wie die traditionelle Annahme einer Systematisierung nach sprachlichen Gesichtspunkten.

56 Vgl. zu den noch heute jeden Bibliothekar umtreibenden Herausforderungen beim Systematisieren Houston (2004) 7f: „not everything fits neatly into categories“ (7).

57 Als früheste Belege für die Erhältlichkeit von literarisch beschrifteten Pergamentblättern (*membranae*), die als Alternativen zu Schriftrollen in Gebrauch

Büchersammlungen bestanden üblicherweise aus mehreren voluminösen und ehrwürdigen Schriftrollen, die in der Regel aus Papyrus, seltener auch aus Pergament gefertigt waren. Erst im Laufe des 4. Jahrhunderts begann der Siegeszug des Kodex endgültig, verbunden mit der Durchsetzung von Pergament als wichtigstem Beschreibstoff der Alten Welt.[58] Da sich Kodizes in Funktionalität, Form und Größe deutlich von Schriftrollen unterschieden, muss der Medienwandel am Ausgang der Antike letztlich auch Einfluss auf die Aufstellungspraxis und Lagerung in den Bibliotheken gehabt haben.

3.3.2 Überlegungen zu den Beständen einzelner Bibliotheken

Was die großen öffentlichen Bibliotheken in Rom im Detail im Bestand hatten, lässt sich nicht mehr erhellen. Einzelnachrichten deuten immerhin bestimmte Schwerpunkte an, die über ein grundsätzlich vorauszusetzendes Repertoire an griechischen und lateinischen Klassikern hinausgingen.[59] Die *Bibliotheca Palatina* beherbergte mit Sicherheit sämtliche Werke der augusteischen Dichter mit Ausnahme derjenigen Ovids, die nach dem Jahr 8, dem Jahr der Verbannung des Poeten, erschienen waren.[60] Horaz

waren, gelten zwei Stellen bei Martial aus den 80er Jahren des 1. Jahrhunderts. Im ersten Fall preist Martial eine Pergamentausgabe seiner eigenen Werke als handlich und gut transportierbar (1,2,3–4), im zweiten Fall ist die Rede von Ovids *Metamorphosen* (immerhin 15 Bücher) auf Pergament (14,192).

58 Zur quantitativen Verbreitung des Kodex in der Antike Harnett (2017) 211–221; zum Vergleich von Kodex und Schriftrolle im spätantiken Buchwesen Schipke (2013) 143–152.

59 Aus Suet. Cal. 34,2 ergibt sich zum Beispiel, dass die Werke von Vergil und Livius in allen römischen Bibliotheken zur Verfügung standen, vgl. Casson (2002) 136.

60 Es ist durchaus denkbar, dass Augustus nach der Affäre um Ovid jegliche Werke des Dichters aus den Bibliotheken verbannte und nicht nur die späteren Neuerscheinungen, wie die *Tristia* (siehe unten, S. 62), boykottierte. Denn freilich konnte bereits die frühe Liebeslyrik Ovids nicht unbedingt

zufolge von Augustus selbst angestoßen, kamen die zeitgenössischen Neuerscheinungen in erster Linie als Geschenke in die Bibliothek.[61] Der Mediziner Galen nennt etliche griechische Autoren, die sich in der Bibliothek befunden haben sollen, unter anderem die hellenistischen Gelehrten Aristarchos, der einst Bibliothekar in Alexandria war, und Panaitios, einen Stoiker aus Rhodos.[62] Darüber hinaus wird in einem Scholion zu Iuvenal festgehalten, dass die *Bibliotheca Palatina* auch für ihre juristischen Werke bekannt gewesen sei.[63]
Unklar ist, inwiefern sich die zweite augusteische Bibliothek, jene in der *Porticus Octaviae*, von der palatinischen Bibliothek hinsichtlich Beständen und Nutzergruppen unterschied. Da die *Porticus Octaviae* für ihre prächtigen griechischen Kunstwerke bekannt war,[64] könnte die dortige Bibliothek vielleicht einen Schwerpunkt bei griechischer Literatur gehabt haben, während Augustus für die *Bibliotheca Palatina*, als ‚Nationalbibliothek', ein Übergewicht an römischen Autoren angestrebt haben dürfte. Sofern Octavia mit mehr als nur ihrem Namen an der Bibliotheksgründung in der *Porticus Octaviae* beteiligt war, könnte sich auch dies auf den griechischen Bestand der Bibliothek ausgewirkt haben: Octavia förderte einige griechische Literaten, die ihr Werke und Schriften widmeten, wie zum Beispiel der Stoiker Athenodoros Tarsensis.[65]

nach dem Geschmack des sittenstrengen Prinzeps sein, vgl. dazu zuletzt La Penna (2018) 93–95 in Bezug auf die *Ars amatoria*.

61 Vgl. Hor. epist. 2,1,214–218 zum Wunsch des Augustus, die Bibliothek im Apollontempel mit lateinischer Literatur zu füllen. Dass auch die Bibliotheken in der *Porticus Octaviae* bzw. im *Atrium Libertatis* zeitgenössische Texte enthielten, ist aus Ov. trist. 3,1,69–72 zu folgern.

62 Vgl. Gal. ind. 13 sowie Hatzimichali (2013a) 8–11 für weitere von Galen angeführte Autoren.

63 Vgl. Sch. Iuv. 1,128 sowie Fedeli (2012) 62, Anm. 53.

64 Vgl. Tucci (2013) 290 und Balensiefen (2011) 152.

65 Eine aktivere Rolle Octavias bei der Bibliotheksgründung von 23 v. Chr. erwägen Dix/Houston (2006) 685; zu einer Widmung des Athenodoros an

In der griechischen Abteilung der flavischen Bibliothek im *Templum Pacis* wurden Mediziner und Naturwissenschaftler fündig, wie mehrere Stellen bei Galen dokumentieren.[66] Die lateinische Abteilung wies Bestände zu frühen römischen Grammatikern auf, mit denen sich der Buntschriftsteller Aulus Gellius beschäftigte.[67] Die Bibliothek in der *Domus Tiberiana* enthielt offenbar frühlateinische Literatur, unter anderem Werke des M. Porcius Cato, eines angesehenen Redners aus dem späten 2. Jahrhundert v. Chr. (cos. 118 v. Chr.), die wiederum im Kontext eines Bibliotheksbesuchs von Gellius erwähnt werden.[68] In einer Korrespondenz zwischen dem späteren Kaiser Marc Aurel und seinem Lehrer Fronto sind der republikanische Name Cato und die Bibliothek in der *Domus Tiberiana* ebenfalls verbunden, wobei der Stelle nicht eindeutig zu entnehmen ist, um welchen der Catones es geht.[69] Für den bei Gellius genannten Cato spricht, dass Marc Aurel die Lektüre zweier ansonsten unbekannter Reden erwähnt, die mit ihrem Titel bzw. Inhalt auf den Beginn der Auseinandersetzungen zwischen Volkstribunat und Senatsherrschaft am Ende des 2. Jahrhunderts v. Chr. verweisen könnten und damit genau in die Phase der politischen Aktivität jenes M. Porcius Cato, der in der Gelliusstelle im Mittelpunkt steht.[70] In jedem Fall bestärkt die erneute Erwähnung

Octavia vgl. Plut. Publ. 17,8 sowie Dix/Houston (2006) 687, Anm. 110 mit weiteren Beispielen für Widmungen an Octavia.

66 Vgl. Gal. lib. prop. 2 = p. 19 K.; comp. med. gen. 1,1 = p. 362 K. (jeweils mit dem Hinweis Galens, dass seine eigenen Werke in der Bibliothek zu finden gewesen seien); diff. puls. 1,1 = p. 495 K. (zu Besuchen von Medizinern in der Bibliothek).

67 Die Erwähnung der Bibliothek bei Gell. 5,21,9 (Briefe des Grammatikers Sinnius Capito) und 16,8,2 (Kommentare des Varro-Lehrers L. Aelius).

68 Vgl. Gell. 13,20,1. Bei dem genannten Cato handelt es sich um den Enkel des berühmten M. Porcius Cato Censorius (vgl. Gell. 13,20,9). Zur Bibliothek in der *Domus Tiberiana* oben, S. 20, Anm. 2.

69 Vgl. Front. epist. 4,5.

70 Ebd.: *legi Catonis orationem ‚De bonis Pulchrae', et aliam qua tribuno diem dixit*

eines Werkes von Cato im Bestand der Bibliothek in der *Domus Tiberiana* die Vermutung, dass dort einige Bände aus republikanischer Zeit verwahrt wurden.[71]
Für die Angebote der Bibliothek auf dem Trajansforum ist ein weiteres Mal Gellius ein wichtiger Gewährsmann. In Buch 11 der *Noctes Atticae* ist von *edicta veterum praetorum* die Rede, die Gellius dort in die Hände gefallen seien.[72] Bei diesen *edicta* handelt es sich um Bekanntmachungen römischer Prätoren, die beim Amtsantritt erfolgten, um die angestrebten Grundsätze der Rechtsprechung im anschließenden Amtsjahr anzugeben.[73] Das Adjektiv *vetus* zeigt an, dass Gellius sehr alte, vermutlich weit in die Republik zurückreichende prätorische Aufzeichnungen konsultieren konnte, die durchaus als Originale vorgelegen haben können. Insofern ist zu schlussfolgern, dass die Bibliothek des Trajansforums offenbar eine bewusst zusammengestellte Sammlung frührepublikanischer Rechtstexte im Bestand hatte. Die *Historia Augusta* aus dem späten 4. Jahrhundert liefert weitere Anhaltspunkte auf Bücher in der Bibliothek. Allein die mehrfache Erwähnung der *Bibliotheca Ulpia* in dieser in ihrem Quellenwert freilich höchst umstrittenen ‚Kaisergeschichte' deutet auf historische Werke in den Regalen hin.[74]

(„ich las Catos Rede ‚Über die Besitztümer der Pulchra' und eine andere Rede, in der Cato einen Volkstribunen anklagte"). Die erwähnte Pulchra könnte Claudia Pulchra sein, Tochter des Ap. Claudius Pulcher – und Gemahlin des Ti. Gracchus. Gracchus hatte das politische Potenzial einer Mobilisierung der Volksmassen aufgezeigt und das Volkstribunat zum Instrument dieser Vorgehensweise gemacht. Ab 133 v. Chr. bekämpften sich die Anhänger der alten Senatsordnung (wie z. B. sämtliche Angehörige der *gens Porcia*, zu der der oben genannte Cato gehörte) und deren Gegner, die über das Volkstribunat agierten.

71 Vgl. Fedeli (2012) 50 zu den Beständen: „era forse specializzata in opere della letteratura latina arcaica".

72 Vgl. Gell. 11,17,1.

73 Vgl. Söllner (1996) 61.

74 Vgl. SHA Tac. 8,1; Aurelian. 1,7; 1,10; 8.1: Die Bibliothek habe auch Bücher aus Leinen und aus Elfenbein enthalten und dazu Fedeli (2012) 51.

Zu den Beständen in den Thermenbibliotheken sind nur vage Aussagen möglich. Vermutlich unterschieden sich die Angebote dahingehend, dass in den Badeanlagen weniger die anspruchsvolle Spezial- und Hochgelehrtenliteratur zu finden war und stattdessen, der heterogenen Besucherschaft gemäß, literarische Angebote für breitere Bevölkerungskreise zur Verfügung standen.[75] Das Aufkommen derartiger Werke in Rom hängt mit einem gewissen Kulturwandel im Zuge der Entfaltung der Zweiten Sophistik ab dem 2. Jahrhundert zusammen. Poikilographie wurde zum Trend. Autoren verfassten Geschichten für ein allgemeines Publikum, schrieben Anekdoten und Wissenswertes in losen Zusammenhängen nieder und produzierten ausdrücklich mit der Absicht, zur freizeitlichen Erholung ihrer Leserschaft beizutragen.[76]

Zusammenfassend bleibt festzuhalten: Obgleich die einzelnen Nachrichten über die Bestände recht fragmentarisch ausfallen, lassen sie zum einen erkennen, dass die öffentlichen Bibliotheken oft hochspezielle Literatur beherbergten, die kaum eine private Bibliothek in der Form hätte vereinen können.[77] Auch dies mag ein Grund gewesen sein für die rege Nutzung der öffentlichen Bibliotheken durch Literaten und Wissenschaftler, von denen vermutlich jeder eine eigene heimische Bibliothek besaß. Zum anderen

75 Vgl. Fedeli (2012) 51; Casson (2002) 126; Strocka (1981) 315.

76 Exemplarisch erscheint in dieser Hinsicht das Vorwort in den *Noctes Atticae* von Aulus Gellius aus der zweiten Hälfte des 2. Jahrhunderts (praef. 1–3). Zu Gellius' Stil und Themenwahl sowie zum kulturellen Kontext seines Werkes Howley (2018) 20–23. Zur literarischen Kultur der Hohen Kaiserzeit und einigen Exponenten Goldhill (2011) 96; 107 f. und allgemein Balensiefen (2011) 134 und Neudecker (2004) 301 f.

77 Vgl. Johnson (2013) 352–355. Die Qualität der öffentlichen Büchersammlungen reichte über die Stadttore Roms hinaus. Aulus Gellius adelt die Bibliothek von Tibur mit den Worten *commode instructa libris erat* (19,5,4: „[Die Bibliothek] war trefflich mit Büchern ausgestattet"). Sie enthielt neben Werken des Aristoteles (19,5) auch Texte des Historikers Q. Claudius Quadrigarius aus der Zeit Sullas (9,14,3).

wiesen die einzelnen Büchersammlungen offensichtlich gewisse Spezialisierungen auf. Grundsätzlich ist auch die Einführung eines übergeordneten Verwaltungsbeamten, der für den gesamten Bereich der öffentlichen Bibliotheken in Rom zuständig war und erstmals für die Zeit des Tiberius epigraphisch belegt ist, Indiz für einen nicht willkürlichen Bestandsaufbau in den jeweiligen Einrichtungen.[78] Nicht zuletzt bezeugt auch die Tristia-Episode Ovids, auf die unten eingegangen wird, dass Augustus in diesem Fall eine zentrale Direktive für den Bestandszugang in den Bibliotheken ausgegeben hatte: Am Boykott der *Tristia* war auch die von Pollio gegründete Bibliothek im *Atrium Libertatis* beteiligt, nicht lediglich die beiden von Augustus selbst initiierten Bibliotheken auf dem Palatin und in der *Porticus Octaviae*.[79]

3.3.3 Größenverhältnisse und Sprachen

Bereits aus der Architektur ergibt sich, dass offensichtlich für keine der einzelnen römischen Büchersammlungen vorgesehen war, alle verfügbaren Bücher der Welt zusammenzutragen. Die Bibliotheken in Rom sollten kein Ersatz für die Bibliothek der Ptolemäer in Alexandria sein, für die dieser Anspruch in ihrer Blütezeit vom 3. bis zum 1. Jahrhundert v. Chr. wohl gegolten hatte.[80] In Rom

78 Als erster Aufseher über sämtliche stadtrömischen Bibliotheken ist Ti. Iulius Pappus überliefert, vgl. AE 1960,26: Laut Grabinschrift stand der Verstorbene allen kaiserlichen Bibliotheken vor (*supra bybliothecas omnes Augustorum*). Zur personalen Führungsebene im römischen Bibliothekswesen siehe unten, S. 81–85.

79 Vgl. Ov. trist. 3,1,59–72.

80 So überliefern es zumindest spätantike Autoren wie Eusebius von Caesarea (hist. eccl. 5,8,11), Epiphanius von Salamis (mens. pond. 9) oder Johannes Chrysostomus (adv. Iud. 1,6,1), die möglicherweise den *Aristeasbrief* aus dem späten 2. Jahrhundert v. Chr. verwendeten: Darin wird den Ptolemäern das Ziel, alle Bücher der Welt in der Bibliothek von Alexandria versammeln zu wollen, erstmals zugeschrieben (vgl. Aristeas 9; zum Hintergrund des Textes Adams [2019] 156 f. und Honigman [2017] 45–48).

beabsichtigte keine Bibliothek allein, ebenfalls alles je Geschriebene nicht nur in griechischer, sondern nun auch noch in lateinischer Sprache im Bestand zu haben. Die Größenordnungen zwischen den einzelnen Bibliotheken in Rom und der Bibliothek von Alexandria in ptolemäischer Zeit gingen weit auseinander. Die Kapazitäten der alexandrinischen Bibliothek hatten diejenigen der Bibliothek auf dem Trajansforum, der größten öffentlichen Büchersammlung in Rom, um ein Vielfaches überstiegen.[81] Noch kleiner nahmen sich im Vergleich mit der Ptolemäerbibliothek in Alexandria die Bestände der *Bibliotheca Palatina* oder der Bibliothek im *Templum Pacis* aus.[82] Nach dem Ende der Ptolemäer büßte die Bibliothek von Alexandria viel ihres einstigen Glanzes ein, auch wenn die wissenschaftliche Betätigung im kaiserzeitlichen Alexandria nicht erlosch und daher eine adäquate Zugänglichkeit von Buchrollen und Wissen weiterhin vorausgesetzt werden muss.[83] Das Zentrum des Imperium Romanum lag jedoch nicht im westlichen Nildelta,

81 Casson (2002) 135 geht von einem Verhältnis von fast 25:1 aus: 490.000 Papyrusrollen vorwiegend in griechischer Sprache in Alexandria gegenüber maximal 10.000 Papyrusrollen in der griechischen Abteilung der Bibliothek auf dem Trajansforum (zu denen noch einmal 10.000 Rollen im baugleichen Trakt mit lateinischen Werken zu addieren seien). Die Zahlenangabe zur alexandrinischen Bibliothek ergibt sich aus Sch. Aristoph. prol. com. p. XIX D. (τεσσαράκοντα μυριάδες [...] καὶ [...] μυριάδες ἐννέα: 40 Myriaden und 9 Myriaden). Hatzimichali (2013) 170f. und Bagnall (2002) 352–356 sind bezüglich der antiken Bestandsangaben zur alexandrinischen Bibliothek deutlich skeptischer. Ausführlich zur Überlieferung der Buchkapazitäten von *Museion* und *Serapeion* zuletzt Holder (2020) 211f. mit dem ausgewogenen Fazit, die Sammlung in Alexandria müsse „außerordentlich groß" gewesen sein (212).

82 Vgl. Sève (2010) 31.

83 Zu den veränderten Bedingungen des wissenschaftlichen Arbeitens im Alexandria der Kaiserzeit Holder (2020) v.a. 219–224; Hatzimichali (2013) 167–172. Zum sukzessiven Bedeutungsverlust der alexandrinischen Bibliothek nach dem Ende der Ptolemäerherrschaft Rico (2017) 296–325; Bagnall (2002) 356–359.

sondern am Tiber. Und dort befand sich in der Kaiserzeit auch der bedeutendste Bibliotheksstandort des Mittelmeerraums.[84]
Während im Bereich der griechischen Literatur Abstriche im Vergleich zu den einst großen Bibliotheken des Ostens wie Alexandria oder Pergamon anzunehmen sind, dürften die Bestände der Bibliotheken in Rom bei den lateinischen Autoren und Werken ausgezeichnet aufgestellt gewesen sein. Legt man die Annahme einer übergeordneten Erwerbungspolitik zugrunde, so werden die stadtrömischen Bibliotheken im Ganzen betrachtet durchaus einer ‚mehrschichtigen Nationalbibliothek' entsprochen haben, in der sämtliche lateinische Literatur verfügbar war, wenngleich nicht unter einem gemeinsamen Dach.[85]
Inwieweit die öffentlichen Bibliotheken in Rom auch Werke in anderen Sprachen neben Griechisch und Latein beherbergten, bleibt mangels Quellen im Detail unklar. Da das kulturelle Interesse der Römer sich nicht nur in der Republik fast ausschließlich auf Griechenland beschränkte, dürfte der Umfang anderssprachiger Texte verschwindend gering gewesen sein. In Rom war neben dem Lateinischen nur das Griechische als gleichwertige, für lange Zeit sogar überlegene Kultursprache akzeptiert.[86] Bezeichnenderwei-

84 Dass die stadtrömischen Büchersammlungen Alexandria in der Kaiserzeit den Rang abgelaufen hatten, spiegelt sich auch in der Bestellung der jeweiligen Leiter: Vermutlich unter Hadrian übernahm L. Iulius Vestinus als verantwortlicher Prokurator die Bibliotheken in Rom, nachdem er zuvor das *Museion* in Alexandria mit der dortigen Bibliothek geleitet hatte. Der Wechsel nach Rom war augenscheinlich ein Aufstieg für Vestinus, vgl. zu seiner Vita IG XIV,1085 sowie unten, S. 84.

85 Vgl. Casson (2002) 140.

86 Zu dieser Attitüde und ihren Implikationen im Alltag Adamik (2005) 138–142; B. Adamik vermutet, dass die Formulierung der Hauptfigur Trimalchio in Petron. 48,4 ursprünglich *tres bybliothecas habeo* gelautet habe (wie eine der ältesten Handschriften des *Satyricon* in der Tat wiedergibt) und nicht *II* (resp. *duas*) *bybliothecas habeo* (wie in den einschlägigen Editionen). Es sei durchaus plausibel, dass Trimalchio, den Petron als ungebildeten Parvenü mit Wurzeln

se verteilte P. Cornelius Scipio Aemilianus die 146 v. Chr. in der Bibliothek von Karthago erbeuteten Bestände in punischer Sprache größtenteils an lokale Dynasten in Nordafrika und brachte sie nicht nach Italien.[87] Rund 20 Jahre zuvor hatte Scipio noch indirekt, als bibliophiler Sohn des Aemilius Paullus, für den Aufbau der ersten römischen Privatbibliothek gesorgt – allerdings enthielt diese ausschließlich griechische Werke.[88] Oskisch, Etruskisch und andere Sprachen Altitaliens waren in der frühen Kaiserzeit bereits so gut wie ausgestorben.[89] Als Plinius der Ältere in den 70er Jahren des 1. Jahrhunderts in seiner *Historia naturalis* den Abschnitt über Obelisken verfasste, schien ihm der Hinweis an seine Leser notwendig, dass es sich bei den Hieroglyphen auf den Monumenten um ägyptische Buchstaben handele.[90] Die weit zurückreichende Literaturtradition etwa in Ägypten oder an der Levante lebte in der Kaiserzeit zwar auf lokaler Ebene durchaus fort, wurde in Rom indessen nur vereinzelt rezipiert und in den öffentlichen Bibliotheken mit großer Wahrscheinlichkeit vollkommen vernachlässigt.[91] Denkbar sind allenfalls Übersetzungen von demotischen, aramäi-

im orientalischen Raum konturiert, entgegen der gesellschaftlichen Konvention, lediglich griechische und lateinische Buchbestände zu besitzen, eine dritte Bibliothek mit obskurer Literatur besessen haben soll, die den Emporkömmling und *libertus* Trimalchio auch auf dieser kulturellen Ebene disqualifiziere.

87 Vgl. Plin. nat. 18,22; lediglich die Arbeiten des Karthagers Mago zur Landwirtschaft gelangten nach Rom, wo sie übersetzt wurden, vgl. Colum. 1,1,13. Ein zweites Beispiel für die Verwendung punischer Literatur ist Sallust, der für sein *Bellum Iugurthinum* auf ein ethnographisches Werk des Numiderkönigs Hiempsal zurückgriff (Iug. 17,7).

88 Vgl. Plut. Aem. 28,11 und oben, S. 10–12.

89 Vgl. zum Oskischen McDonald (2015) 235; zum Etruskischen Grzybek (2010) 239. Auf welcher Quellengrundlage die 20 Bücher umfassende Abhandlung über die Geschichte der Etrusker von Claudius basierte, ist unklar (vgl. zu diesem Werk Suet. Claud. 42,2).

90 Vgl. Plin. nat. 36,64: *etenim scalpturae illae effigiesque quas videmus Aegyptiae sunt litterae.*

91 Zur Kontinuität nicht griechischer oder lateinischer Literatur und deren ins-

schen oder hebräischen Werken ins Griechische, wie im Falle der *Septuaginta*, bei der freilich nichts darauf hindeutet, dass sie sich in einer der kaiserzeitlichen Bibliotheken in Rom befunden hätte. Texte in Sprachen des Vorderen Orients rückten erst mit der Durchsetzung des Christentums in den Fokus des öffentlichen Interesses in Rom.[92]

3.3.4 Kaiserliche Einflussnahme

Etliche Einzelnachrichten deuten an, dass die Kaiser, wenn ihnen dies notwendig erschien, persönlich in die Bestandsauswahl eingriffen. Angesichts der großen repräsentativen Bedeutung der öffentlichen Bibliotheken und deren durchweg evidenter Verbindung zu den Kaisern überrascht das nicht. Die bekannteste Episode betrifft Ovid, der aufgrund seines Zerwürfnisses mit Augustus keine Möglichkeit hatte, seine *Tristia* in den kaiserlichen Bibliotheken unterzubringen. In elegischen Distichen schildert Ovid aus Sicht des Werkes selbst, wie das Ansinnen zunächst am *praepositus*, dem Aufseher, der *Bibliotheca Palatina* scheitert und anschließend auch im Falle der Bibliotheken in der *Porticus Octaviae* und im *Atrium Libertatis* erfolglos bleibt.[93]

Es ist kein Zufall, dass die weiteren Beispiele für kaiserliche Einflussnahme fast ausschließlich von Sueton stammen. Sueton bekleidete unter Trajan das Amt des *a bibliothecis* und war damit zeitweise für das gesamte öffentliche Bibliothekswesen in Rom verantwortlich.[94] In dieser Funktion gewann er nicht nur einen Über-

gesamt geringer Sichtbarkeit in der Kaiserzeit siehe Troiani (2010) 176–178 mit Beispielen.

92 Vgl. Troiani (2010) 178f.

93 Ov. trist. 3,1,59–72.

94 Wichtige Stationen von Suetons Verwaltungslaufbahn, die nach der Verantwortlichkeit für die Bibliotheken auch die Aufsicht über die gesamte kaiserliche Korrespondenz (*ab epistulis*) umfasste, werden durch eine Inschrift aus Hippo Regius belegt, der Heimatstadt Suetons in der Provinz Africa Nova

blick über die Erwerbungsprozesse der öffentlichen Bibliotheken in Rom, sondern wohl auch ein Interesse an diesen Themen. Um Caesars Ansehen, vor allem aber um seinem eigenen Ansehen keinen Schaden zuzufügen, untersagte Augustus die Aufnahme von Schriften aus Caesars Jugendjahren in die *Bibliotheca Palatina*, wie Sueton berichtet.[95] Vermutlich passten die frühen und wohl noch wenig sublimen Texte Caesars nach Augustus' Auffassung nicht recht zum erhabenen Bild des Divus Iulius, auf den sich ein großer Teil der augusteischen Herrschaftsideologie bezog.

Weniger glaubhaft ist Suetons Bericht, Caligula habe aus Abscheu gegen Vergil und Livius beinahe deren Werke aus sämtlichen Bibliotheken entfernen lassen.[96] Falls Caligula diese Pläne tatsächlich verfolgt haben sollte, bleibt unklar, wer ihn davon hätte abbringen können bzw. warum die Zensur ausblieb.[97] Der Episode scheint eher der Topos des wahnsinnigen Kaisers zu Grunde zu liegen, der ausgerechnet diejenigen Autoren verbannen wollte, die im Rahmen der propagandistischen Tekto-

im heutigen Algerien (vgl. AE 1953,73). Zur Rolle Suetons im kaiserzeitlichen Bibliothekswesen siehe Houston (2014) 235 f. und Bowie (2013) 251 f., der die Ernennung Suetons durch Trajan mit der Einrichtung der Bibliothek auf dem Trajansforum in Verbindung bringt. Townend (1961) 103 datiert Suetons Tätigkeit als *a bibliothecis* auf die Jahre 116/117. Teile der *Vitae Caesarum*, Suetons Hauptwerk, sind vermutlich um das Jahr 119 veröffentlicht worden (vgl. Marshall [2019] 120), mithin in enger zeitlicher Nähe zu Suetons Verantwortung für die Bibliotheken in Rom, die ihm einen ausgezeichneten Quellenzugang ermöglicht haben dürfte.

95 Vgl. Suet. Iul. 56,7: Augustus' Eingriff erfolgte über einen Brief an Pompeius Macer, den Gelehrten, den der Kaiser mit dem Aufbau der *Bibliotheca Palatina* betraut hatte. Vermutlich lag dieser Brief Sueton in archivierter Form vor, als er selbst als Prokurator das Bibliothekswesen leitete.

96 Vgl. Suet. Cal. 34,2.

97 Houston (2014) 242 nimmt eine behutsame Intervention des amtierenden Bibliotheksprokurators Pappus an.

nik der frühen Kaiserzeit Identität und Orientierung geschaffen hatten.[98]

Verlässlicher erscheint demgegenüber Suetons Nachricht, dass Tiberius, der selbst Gedichte in lateinischer und griechischer Sprache verfasste, die Aufnahme der von ihm verehrten hellenistischen Dichter Euphorion, Rhianos und Parthenios in sämtliche öffentliche Bibliotheken anordnete. Daraus scheint sich eine Art Wiederentdeckung dieser Autoren entwickelt zu haben, da etliche Gelehrte, im Bemühen, dem Prinzeps zu gefallen, Kommentare zu den Werken der drei Poeten verfassten und Tiberius widmeten.[99] Eine ähnliche Form der Einflussnahme kann auch im 2. Jahrhundert unter Hadrian und Antoninus Pius beobachtet werden. Die Kaiser protegierten den Arzt und Dichter Marcellus aus dem kleinasiatischen Side und transferierten seine Werke in die öffentlichen Bibliotheken.[100]

Ein bekanntes Beispiel für Bestandspflege ist mit Domitian verbunden, der im Rahmen der Wiederbeschaffung verlorener Bibliotheksexemplare nach einem Brand im Jahr 80 nicht nur Abschriften der Verluste in Alexandria herstellen ließ, sondern, wie Sueton mit dem Verb *emendare* ausdrückt, dort auch Ver- oder Ausbesserungen der in Rom verfügbaren Bestände vornehmen ließ.[101] Vermutlich sind damit Abgleiche und Korrekturen fehlerhafter Abschriften gemeint. Im Prinzip handelt es sich um Maßnahmen zum Erhalt der ‚verbesserten Auflage' eines bereits existierenden Werkes.

98 Zu Caligulas Zeichnung als Prototyp des ‚Caesarenwahnsinns' in den antiken Quellen zusammenfassend Sittig (2018) 13 f.

99 Vgl. Suet. Tib. 70,2.

100 Vgl. zu diesem Fall Bowie (1989) 201 f.

101 Suet. Dom. 20.

Kapitel 4
Hinter den Kulissen: Erwerbung, Bearbeitung, Personal

4.1 Bestandszugänge und Erwerbung

In der mittleren und späten Republik hatten sich die Privatbibliotheken der Aristokraten Aemilius Paullus, Sulla und Lucullus zu einem gewissen Teil über Raubgut aus dem literarisch hoch entwickelten hellenistischen Osten gefüllt.[1] Ausgestattet mit höchster militärischer Kommandogewalt operierten die drei Feldherren vollkommen unbeschränkt in den Kriegsgebieten Griechenlands und Kleinasiens. Nicht nur Büchersammlungen wurden so in rund 150 Jahren nach Westen verschifft.[2] In der Kaiserzeit entfiel die Möglichkeit, Buchbestände in Rom und Italien über Plünderungen und Beutegut aufzubauen. Die griechische Welt war längst zu einem festen Bestandteil des Imperium Romanum geworden, in dem die Provinzbewohner durchaus eine gewisse Rechtssicherheit genossen. Kriege fanden nur noch an der barbarischen Peripherie des Reiches statt, in Gegenden mit geringer bis gar nicht ausgeprägter Literalität. Beute aus fernen Ländern in Form von Büchern konnte es damit nicht mehr geben – auch, da sich das

1 Siehe oben, S. 10–13.

2 Ciceros Recherchebesuch in der Bibliothek von Faustus, dem Sohn Sullas, ist Ausdruck einer fehlenden ‚Chancengleichheit' zwischen Militärführern (bzw. deren Erben) und militärisch weniger profilierten Zeitgenossen wie Cicero oder Varro beim Aufbau einer gut bestückten Bibliothek, vgl. Mittler (2012) 300; Ciceros Aufenthalt bei Faustus: Cic. Att. 4,10,1.

kulturelle Interesse der Römer fast ausschließlich auf den griechischen Raum beschränkte.

4.1.1 Enteignungen

Allerdings hatten auch die Umwälzungen der späten Republik, an deren Ende die Herrschaftsübernahme des Augustus stand, Sieger und Verlierer hinterlassen. Nachdem ihre Besitzer in den Bürgerkriegen zugrunde gegangen waren, mündeten etliche der großen Privatbibliotheken der späten Republik indirekt in die augusteischen Büchersammlungen.[3] Auch im weiteren Verlauf der Kaiserzeit gab es immer wieder Enteignungen, die im Zusammenhang mit Verbrechen gegen die kaiserliche *maiestas*, die Hoheit, Erhabenheit und Würde des Prinzeps, insbesondere Senatoren und Ritter betrafen.[4] Schuldsprüche in diesen Verfahren zogen die Konfiszierung des Privatbesitzes nach sich.[5] Profiteur war der Kaiser, der die Verfügungsgewalt über die Besitztümer erlangte. Es ist in hohem Maße wahrscheinlich, dass im Kontext dieser Enteignungen auch private Büchersammlungen, deren Existenz in den zumeist betroffenen aristokratischen Haushalten fast vorauszusetzen ist, aufgelöst und in kaiserliche Bibliotheken überführt wurden.[6]

3 Vgl. Dix (2000) 460f. zur Bibliothek Varros: Varro verlor im Zuge der Proskriptionen des Zweiten Triumvirats seinen Besitz, darunter seine Bibliothek (Gell. 3,10,17). Wenig später bezog Antonius Varros Villa im südlichen Latium (Cic. Phil. 2,104–105), übernahm offenbar, den Gesetzmäßigkeiten der Proskriptionen entsprechend, zumindest einen Teil von Varros Besitztümern. Als Antonius 30 v. Chr. starb, gingen Teile seines (und damit mutmaßlich auch des ehemaligen varronischen) Besitzes an seine Witwe Octavia über, die Schwester Octavians. Somit könnten etliche Werke in der Bibliothek in der *Porticus Octaviae* ursprünglich auf Varros Privatbibliothek zurückzuführen sein.

4 Zu Hintergründen und Konsequenzen eines Majestätsverbrechens (*crimen maiestatis*) in der Kaiserzeit Sittig (2018) 390f.; Klingenberg (2011) 152–159; Pesch (1995) 144–152.

5 Vgl. Dig. 48,20,1pr. und dazu Pesch (1995) 151.

6 Vgl. dazu Houston (2014) 31–34.

In ähnlichem Zusammenhang steht die Übernahme von Kunstwerken und Inventar aus der *Domus Aurea* Neros durch Vespasian. Mit Sicherheit hatte Nero in seinem Goldenen Haus eine Bibliothek untergebracht. Nach Neros Untergang integrierte Vespasian deren Buchrollen vermutlich in die neue Bibliothek im *Templum Pacis*.[7]

4.1.2 Abschriften

Jenseits dieser nicht planbaren Zugangswege gab es systematischere Möglichkeiten, die Bestände öffentlicher wie privater Büchersammlungen zu füllen.[8] Die häufigste Zugangsart in den öffentlichen Bibliotheken der Kaiserzeit war die Anfertigung von Abschriften bestehender Texte. Als Augustus die Bestände der *Bibliotheca Palatina* und der Bibliothek in der *Porticus Octaviae* aufbauen ließ, konnten die von ihm beauftragten Bibliothekare die Werke in der Bibliothek Pollios verwenden, zudem dürften auch viele private Buchbesitzer dem ersten Prinzeps bereitwillig Zugriff auf ihre Bestände verschafft haben. Auf diese Weise stand Augustus recht rasch vor allem ein solider Grundstock aus griechischen Klassikern zur Verfügung.[9]

Das Abschreiben der Bücher, an das sich eine gründliche Korrektur anschloss, übernahm fachlich und sprachlich entsprechend qualifiziertes Personal, üblicherweise handelte es sich dabei um

7 Vgl. Dix/Houston (2006) 692.

8 Varro dürfte diesem Thema in seinem verlorenen Werk *De bibliothecis* einigen Raum gegeben haben, nachdem er von Caesar und kurz darauf von Pollio mit dem Aufbau einer großen Bibliothek in Rom beauftragt worden war. Für dieses Projekt mussten erstmals inhaltliche und praktische Kriterien für eine Erwerbung von Büchern festgelegt werden. Im Hellenismus existierten bereits Schriften dazu, z.B. Περὶ βιβλίων συναγωγῆς (*Über das Büchersammeln*) des Pergameners Artemon aus dem 2. Jahrhundert v. Chr. (vgl. Athen. 12,515e sowie Blanck [1992] 222).

9 Vgl. Casson (2002) 141.

Sklaven.[10] Die Ausgestaltung der neuen Schriftrolle richtete sich nach Inhalt und Verwendungszweck. Abgesehen von der grundlegenden Konvention der parallel zur Längsseite laufenden Beschreibrichtung von links nach rechts existierte in der Kaiserzeit keine feste Typologie für Buchrollen, die deren Format, äußere Gestaltung oder Schriftbild vorgegeben hätte.[11] Bei Werken, die vor allem für einen häufigen Gebrauch angefertigt wurden, sind schmucklose Abschriften anzunehmen, die sich deutlich von prächtigen und auf Repräsentation setzenden Büchern etwa in privaten Büchersammlungen unterschieden.[12] Im Regelfall gelangten die Papyrus- oder Pergamentrollen einzeln und in losen Abständen in die Bibliotheken, doch es gab auch Ausnahmesituationen. Sueton berichtet, dass Domitian die in Folge des Brandes von 80 verlorenen Bibliotheksbestände über Kopien wiederherstellen ließ, die zum Teil sogar in Alexandria von dortigen Originalen angefertigt wurden.[13]

10 Cicero verfügte über mehrere Sklaven, die sich vermutlich in erster Linie um die Bibliothek ihres Herrn kümmerten, vgl. dazu allgemein Blänsdorf (2016) 108–111. Während einige für die Anfertigung von Kopien zuständig waren (vgl. Cic. Att. 4,4a,1; 12,14,3; leg. agr. 2,13) lasen andere (oder dieselben) Korrektur (vgl. Cic. Att. 1,12,4; 13,23,2 und dazu Deißler [2007] 13 zu dem von Cicero im erstgenannten Brief verwendeten Begriff *anagnostes*, der primär „Vorleser" bedeutet). Zu Sklaven als Arbeitskräften in den öffentlichen Bibliotheken siehe unten, S. 78–81.

11 In Ansätzen lässt sich lediglich für Rechtstexte eine gewisse Konsistenz des äußeren Erscheinungsbildes annehmen, etwa im Hinblick auf die Verwendung von Rubrizierungen; bei kurzen Dichtungen und Epigrammen ist es wiederum sehr wahrscheinlich, dass die Versform auch visuell übernommen wurde – darauf deuten diverse Graffiti hin, deren Sinnsprüche in exaktem Versmaß zeilengetreu wiedergegeben sind und damit wohl einem aus Büchern vertrauten Schriftbild folgten, vgl. dazu Ammirati (2019) 80f. mit Verweis auf CIL IV,923.

12 Zur Verbreitung von Gebrauchs- und Prachtbüchern und ihrem jeweiligen Verwendungszweck siehe Fioretti (2010) 91–93.

13 Suet. Dom. 20 und dazu Houston (2014) 15.

Eine weitere Möglichkeit der Erwerbung war der Kauf von Abschriften bei Buchhändlern. Bereits zur Zeit Ciceros gab es Verkaufsstätten für Buchrollen in Rom, die in der Kaiserzeit schließlich in einem ausdifferenzierten Netz aus Produktion und Distribution aufgegangen waren.[14] Das Zentrum des Bücherverkaufs lag in augusteischer Zeit am *Vicus Tuscus* südlich des *Forum Romanum* zwischen Kapitol und Palatin.[15] In den folgenden Dekaden nahmen Nachfrage und Bedeutung von Büchern signifikant zu, so dass ab dem späten 1. Jahrhundert auch weiter nördlich, im Bereich des *Argiletum*, Buchläden überliefert sind.[16] Im 2. Jahrhundert bildete schließlich der *Vicus Sandaliarius*, eine Querstraße des *Argiletum* nach Osten, das Zentrum des stadtrömischen Bücherverkaufs.[17] Die Läden lagen somit in der Nähe der Bibliothek des Trajansforums und der Bibliothek im *Templum Pacis*.[18] Das war sicher kein Zufall: Schließlich lasen Bibliotheksbesucher Bücher und waren somit potenzielle Kunden. Die Buchhändler, die *librarii*, boten neben stets vorrätigen Abschriften von Standardwerken auch Neu-

14 Die früheste konkrete Benennung einer Verkaufsstelle für Bücher stammt aus Ciceros zweiter *Philippica*, die auf ein Ereignis von 53 v. Chr. anspielt (zu dieser Datierung Lacey [1986] 173) und eine *taberna libraria* am *Forum Romanum* erwähnt (Cic. Phil. 2,21); siehe auch Cic. ad Q. fr. 3,4,5: Ciceros Formulierungen in diesem Brief von 54 v. Chr. weisen ebenfalls auf zwar noch überschaubare, aber gleichwohl bereits existente Erwerbungsmöglichkeiten für Bücher in Rom hin (vgl. White [2009] 273 f.). Zur Bedeutung des stadtrömischen Buchhandels der Kaiserzeit White (2009) 268: „Rome became the Mediterranean center of that trade“. Deißler (2007) 1 schätzt die Dimensionen des antiken Buchhandels insgesamt eher gering ein.

15 Vgl. Hor. epist. 1,20,1–2 und dazu Kytzler (2018) 761.

16 Die Lokalisierungen sind vor allem den Epigrammen Martials zu entnehmen, vgl. 1,2,7–8; 1,3,1–2; 1,117,9–13.

17 Vgl. Gal. lib. prop. praef. = p. 8 K.: Am *Vicus Sandaliarius* seien die meisten Buchverkäufer in ganz Rom anzutreffen (πλεῖστα τῶν ἐν Ῥώμῃ βιβλιοπωλείων) sowie Gell. 18,4,1. Allgemein zu den Örtlichkeiten Nicholls (2019) 51–53 und White (2009) 271 f.

18 Vgl. Nicholls (2019) 54.

erscheinungen an, die direkt von den Autoren, bei prominenteren Literaturschaffenden auch in mehrfacher Ausfertigung über Verleger angeliefert wurden.[19] Dabei galt, dass Erwerbungen über den Buchhandel prinzipiell das Risiko bargen, fehlerhafte Kopien zu erstehen. Im Falle der öffentlichen Bibliotheken wurden sie daher vermutlich eher selten getätigt.[20]

Die Notwendigkeit, ein bereits älteres Werk für den Bibliotheksbestand rückzuergänzen oder ein Ersatzexemplar zu besorgen, ergab sich ohnehin nur im Ausnahmefall, etwa bei einer irreparablen Beschädigung oder einem Verlust. Dafür sind die bereits erwähnten Maßnahmen Domitians zu Beginn seiner Herrschaft ein Beispiel, die, soweit Sueton die eingeleiteten Schritte wieder-

19 Vgl. Houston (2014) 16f.; zum Geschäft der Verleger Blanck (1992) 121–125. Singer (2019) 95 verneint jede Form von „multiple production [...] of copies for circulation" unmittelbar nach der Fertigstellung eines Textes. Aus dem kaiserzeitlichen Ägypten ist ein Fall von ‚write-on-demand' überliefert, in dem die Abschrift eines bestimmten Werkes von einem Buchhändler erbeten wird (vgl. P. Oxy. 2192 und dazu Johnson [2004] 180–183).

20 Vgl. Nicholls (2019) 58; Casson (2002) 140. In den Anfangsjahren des römischen Buchmarktes hatte Cicero große Mühe, eine geeignete Person zur Abschrift lateinischer Werke zu finden; in Buchläden vermutete er sie offenbar nicht (vgl. Cic. ad Q. fr. 3,4,5 und 3,5,6). Verlässlich schienen vor allem Autographe oder Abschriften aus dem engsten Umfeld des Autors, wie die beispielhaften Fälle bei Gell. 1,7 (Abschrift von Ciceros *Oratio quinta in Verrem* aus der Feder von Tiro persönlich) und 1,21 (Abschrift der *Georgica* von Vergil aus dessen eigenem Haushalt) zeigen. Auch Galen verließ sich am Ende des 2. Jahrhunderts noch lieber auf die Qualität von Originalen, wie er in seiner späten Schrift Περὶ ἀλυπίας kundtut (ind. 13). Allerdings ist insgesamt davon auszugehen, dass sich Niveau und Techniken der Abschreiber, die für die Buchläden tätig waren, im Laufe der Kaiserzeit verbesserten. Darauf verweist wiederum eine Stelle bei Galen, der in seine Suche nach einem besonderen Buch ausdrücklich die βιβλιοπώλας, die Buchhändler, mit einbezog (loc. aff. 3,5 = p. 148 K.). Gute Erfahrungen sammelte auch Galens Zeitgenosse Aulus Gellius, der von einem Buchhändler berichtet, der eine pekuniäre Garantie für die Fehlerlosigkeit seiner Bücher zu geben bereit war und am Ende (fast) Wort hielt (5,4). Zu Abschreibfehlern in Kopien siehe Fedeli (2012) 41f.

gibt, sowohl Buchhandel als auch Bibliotheken im gesamten Imperium einschlossen.[21] Bezeichnenderweise entsandte Domitian seine Schreibkräfte vor allem nach Alexandria, wo bereits im Hellenismus Editionsphilologie betrieben wurde, lexikographische Großwerke verfügbar waren und somit die Anfertigung verlässlicher Abschriften insbesondere griechischer Texte mit größerer Sicherheit gewährleistet schien als etwa im Westen des Reiches.[22]

4.1.3 Geschenke

Neuerscheinungen gelangten zumeist in Form von Geschenken in die öffentlichen Bibliotheken. Dahinter standen in der Regel die Autoren selbst, die aufgrund der herausragenden kulturellen Bedeutung der kaiserlichen Bibliotheken ein vitales Interesse an einer Aufnahme ihrer Arbeiten in die dortigen Bestände hatten[23] – schließlich suggerierte die Berücksichtigung eines literarischen Werkes für den Bestand einer kaiserlichen Bibliothek der adressierten Öffentlichkeit eine besondere poetische oder wissenschaftliche Bedeutung des Verfassers.

Die Verteilung der neu erschienenen eigenen Bücher in Form von Geschenken und Widmungen an Patrone und Gönner war generell eine äußerst gängige Art der Distribution, die bereits in der späten Republik häufig praktiziert wurde.[24] Auf diese Weise gelangten Schenkungen regelmäßig auch an den Kaiserhof. Die

21 Darauf deutet das Adverb *undique* („woher nur immer"; „von überall her") in Suetons Bericht hin (Dom. 20).

22 Zur langen Tradition der alexandrinischen philologischen Schule Schironi (2018) v.a. 734f.; zur Entstehung von Lexika und Nachschlagewerken im Kontext der Bibliothek von Alexandria Hatzimichali (2019) 33–37.

23 Vgl. Casson (2002) 140f.; zur gesteuerten Weitergabe der Werke Galens unter anderem an öffentliche Bibliotheken, die vor allem durch die Freunde (ἑταῖροι) des Autors vorgenommen wurde, Singer (2019) 111–120.

24 Vgl. Ambaglio (1983) 17–28 zu Werkwidmungen in den knapp 100 Jahren zwischen C. Gracchus und dem Caesarfreund C. Oppius.

Schenkenden erhofften sich durch ihre Gabe nicht zuletzt eine positivere Wahrnehmung durch den Prinzeps und im Idealfall materiellen Profit.[25] Zugleich spekulierten die Literaten jedoch darauf, dass ihnen der Kaiser als bedeutendster *patronus* in Rom, aber auch dessen Vertraute, wie zur Zeit des Augustus etwa C. Cilnius Maecenas, zu einer weitreichenden Verbreitung ihrer Werke verhelfen mochten.[26]

Geschenkte Bücher wurden entweder in die privaten Sammlungen des Kaisers übergeben oder in die öffentlichen Bibliotheken der Stadt aufgenommen.[27] Für den Prinzeps erfüllten die Geschenke mit ihren inhärenten, persönlichen Widmungen den zusätzlichen Zweck, ein Bild literarischer und kultureller Förderung zu transportieren, das zu nicht geringen Teilen auch mit der Gründung von Bibliotheken vermittelt werden sollte.[28]

4.2 Bearbeitung

Nachdem die Werke Eingang in die Bibliotheken gefunden hatten, wurden sie für die Nutzung bearbeitet. Über diese Schritte ist recht wenig bekannt. Es lassen sich allerdings auf Basis allge-

25 Zu dieser Logik, bezogen auf Horaz und seine Gönner Augustus und Maecenas, Bowditch (2001) 4–8.

26 Zur Schlüsselstellung des Maecenas in der literarischen Landschaft Roms unter Augustus Mountford (2019) 65–72; Le Doze (2017) 133–145 und Chillet (2016) v.a. 447–450. Zu Bücherwidmungen an Maecenas Le Doze (2017) 133–135 und Ambaglio (1983) 29f.

27 Vgl. Houston (2014) 241.

28 Zu prominenten Widmungen an die Kaiser der julisch-claudischen und flavischen Dynastie siehe Ambaglio (1983) 29–39: Vitruvs *De architectura* und Ovids *Fasti* (zunächst) an Augustus (30f.); die *Facta et dicta memorabilia* von Valerius Maximus an Tiberius (32); Senecas *De clementia* und Lucans *Pharsalia* an Nero (36f.); die *Argonautica* des Valerius Flaccus an Vespasian und Titus (37f.); Plinius' *Historia naturalis* an Titus (38); die *Thebais* des Statius an Domitian (38). Hinzu kam eine große Zahl an Widmungen von heute unbekannten Autoren.

meiner und noch heute gängiger bibliothekarischer Praktiken und durch Analogieschlüsse aus dem hellenistischen Raum gewisse Wahrscheinlichkeiten bezüglich einzelner Maßnahmen ableiten.

4.2.1 Kataloge und Nachweisinstrumente

Mit Sicherheit existierten in den öffentlichen Bibliotheken katalogartige Bestandsnachweise, die von ausgebildeten Schreibsklaven erstellt und gepflegt wurden.[29] Anzunehmen sind listenförmige Verzeichnisse, möglicherweise nach Literaturgattungen sortiert.[30] Darauf wurden die bibliographischen Angaben jedes Neuzugangs erfasst, um eine möglichst eindeutige Identifizierung zu gewährleisten. Die Informationen umfassten sehr wahrscheinlich Autorennamen und Werktitel. Denkbar ist darüber hinaus,

29 Vgl. Quint. inst. 10,1,57, wo mit großer Selbstverständlichkeit von bibliothekarischen *indices* die Rede ist, sowie Cic. fam. 16,18,3 und 16,20: In diesen Briefen korrespondiert Cicero mit seinem Sklaven Tiro über die Ordnung der ciceronischen Büchersammlung, die nach einem speziellen *index* zu bearbeiten sei. Seneca hinterfragt den Sinn einer Privatbibliothek so ungeheuren Ausmaßes, dass es der Besitzer zu Lebzeiten vermutlich nicht einmal schaffe, die *indices* der Sammlung durchzulesen (dial. 9,9,4).

30 Vgl. Houston (2014) 39; Blanck (1992) 217f. sowie Fedeli (2012) 54, der von einer generellen Anlehnung sämtlicher antiker Katalogsysteme an die Πίνακες (*Verzeichnisse*) des alexandrinischen Bibliothekars Kallimachos aus dem 3. Jahrhundert v. Chr. ausgeht (in der *Suda* [K 227] erscheint der umschreibende Titel Πίνακες τῶν ἐν πάσῃ παιδείᾳ διαλαμψάντων, καὶ ὧν συνέγραψαν für das epochale Werk: *Verzeichnisse aller in der Bildung Hervorstehender und ihrer Schriften*). Die Πίνακες unterschieden zwischen Dichtern und Prosaschriftstellern in jeweils alphabetischer Ordnung. Auch die Werktitel, auf der darunterliegenden Ebene, waren alphabetisch erfasst. Im Kern gingen die Πίνακες über eine reine Katalogfunktion sogar noch hinaus, indem auch Kurzbiografien der einzelnen Autoren aufgenommen waren, vgl. Krevans (2011) 122–124. Fragaki (2017) 35f. erwägt, dass der inhaltliche Aufbau der Πίνακες die physische Aufstellung innerhalb der Bibliothek von Alexandria abgebildet haben könnte. Zu den auf Papyrus erhaltenen Bücherlisten privater Provenienz aus dem griechisch-römischen Ägypten siehe Houston (2014) 40–49.

dass die Zahl der Einzelrollen eines Werkes sowie eine knappe Zustandsbeschreibung notiert war.[31] Vielleicht wurden auch ein Zugangsdatum und in besonderen Fällen ein Herkunftsvermerk angegeben. Der Biograph Sueton, der unter Trajan zeitweise als Prokurator für alle kaiserlichen Bibliotheken zuständig war, wartet mit erstaunlichem Detailwissen bezüglich einzelner Neuerwerbungen auf.[32] Diese Innensicht könnte Sueton Zugangs- und Inventarverzeichnissen der öffentlichen Bibliotheken entnommen haben. Auch die Wiederherstellung der im Feuer verlorenen Bestände unter Domitian muss auf einer Erfassung des bis dahin Vorhandenen beruht haben. Die sich daraus ergebende Verlustliste ließ sich anschließend mit Nachweiskatalogen von Bibliotheken und Buchhändlern im gesamten Imperium abgleichen.

4.2.2 Buchbearbeitung

Eine weitere Aufgabe der ‚Bearbeitungsabteilungen' lag in der Herstellung von Signaturschildern oder anderen Kennzeichnungen, die Bücher und Katalogangaben zur Deckung brachten und die Auffindbarkeit der Werke in den Bücherschränken des Bibliothekssaals ermöglichten. Einblick in eine Praxis dieser Art gibt ein Brief Ciceros an Atticus, in dem Cicero um die Entsendung von zwei *librarioli*, Bücherabschreibern, bittet, die aus einem Pergamentblatt Etiketten zur Anbringung an den Buchrollen herstellen sollen.[33] Atticus kam dieser Bitte nach, wie ein etwas späterer Brief belegt. Darin teilt Cicero dankend mit, dass die neuen Etiketten seine Bücher in den offenen Regalen nun in noch größerem Glanz erstrahlen ließen.[34] Die hier beschriebene Signaturvergabe ist nicht ohne Weiteres verallgemeinerbar, da die Buchrollen in den öffentlichen

31 Vgl. Houston (2014) 39.
32 Siehe oben, S. 62–64.
33 Cic. Att. 4,4a,1.
34 Cic. Att. 4,8,2.

Bibliotheken der Kaiserzeit in geschlossenen Bücherschränken lagerten; der von Cicero geschilderte ästhetische Effekt konnte sich insofern dort nicht einstellen.[35]

4.2.3 Bestandserhaltung

Zu inhaltlichen Tätigkeiten, wie dem Signieren und Katalogisieren, für die gewisse Sprach-, Lese- und Schreibkompetenzen nötig waren, kamen handwerkliche Arbeiten hinzu, die den Bereich der Bestandserhaltung berührten. Dazu zählten etwa die regelmäßige Beseitigung von Gebrauchsspuren oder die Ausbesserung von Schäden an Pergament oder Papyrus.[36]

Die Lebensdauer eines Papyrus hing stark davon ab, wie er gelagert und behandelt wurde. Eine Verwend- und Lesbarkeit über mehrere Jahrhunderte hinweg war durchaus möglich, wie etliche der Fragmente aus der Villa dei Papiri in Herculaneum bezeugen: Einige der dort gefundenen Papyri waren bis zu 300 Jahre alt, als der Vesuv im Spätsommer 79 ausbrach.[37] Papyrus war vor allem gegen Feuchtigkeit empfindlich, die Rollen konnten aber auch durch Mäusefraß oder Insektenbefall in Mitleidenschaft gezogen werden.[38] Zum Schutz vor Würmern wurden neue Buchrollen, im Buchhandel wie in Bibliotheken, mit Zedernöl oder Zitrusblättern bestrichen.[39] Vielleicht behalf man sich bei längeren Einlagerungen auch mit einem regelmäßigen Ausschütteln der Rollen, um Staub und Insekten zu entfernen.[40] In den öffentlichen Bibliotheken wurden die Werke grundsätzlich durch

35 Vgl. Fedeli (2012) 43f.

36 Vgl. Houston (2014) 219f. und Casson (2002) 102.

37 Vgl. Houston (2014) 125f. und Dorandi (2010) 100

38 Vgl. Houston (2014) 109.

39 Vgl. Ov. trist. 1,1,7; 3,1,13; Mart. 3,2,7; 5,6,14; 8,61,4 zur Verwendung von Zedernöl. Von Zitrusblättern spricht Plin. nat. 13,86; der Stelle ist zu entnehmen, dass dieses Verfahren das ältere gewesen sein muss.

40 Das nimmt Houston (2014) 230 an mit Verweis auf eine Papyrusnotiz aus

die Verwahrung in geschlossenen Bücherschränken aus Holz vor Licht und Feuchtigkeit geschützt.[41] Bauliche Hinweise zur Bestandserhaltung gibt der Architekt Vitruv. Er warnt vor einer Ausrichtung der Bibliotheksbauten nach Süden oder Westen: Der von dort kommende Wind bringe Feuchtigkeit mit sich, die den Büchern schade. Außerdem begünstige feuchter Wind die Vermehrung von Bücherwürmern.[42]

Wo sich die Zuständigkeiten des Personals im Einzelnen schieden, ist unklar. Bei Cicero begegnet die Bezeichnung *glutinator* im Kontext des Zusammenleimens einzelner Papyrusbögen zu einer Rolle, einem *volumen*.[43] Die *glutinatores* wären dann vor allem nach der Abschrift eines Gesamtwerkes aktiv geworden, um die einzelnen *volumina* für die Benutzung herzustellen. Streng genommen musste ein *glutinator* weder lesen noch schreiben können, während dies bei einem Sklaven, der sich um die Katalogisierung kümmerte, unvermeidlich war. Kostengründe sprechen für einen effizienten Einsatz von weniger Personal, praktische Gründe eher für eine breite Aufstellung mit spezialisierten Sklaven.[44]

Zum Zusammenkleben der Papyrusblätter diente ein Klebstoff aus Essig und Mehl, beschriftet wurde mit Tinte, die in der Regel aus einem Gemisch aus aufgeschwemmtem Ruß und Gummi ara-

dem 3. Jahrhundert, in der ein Buchbesitzer eine solche Anweisung gibt (vgl. P. Russ. Georg. 3,1,17–19).

41 Vgl. Petrain (2013) 338 mit Verweis auf die Digestenstelle 32,53,9 sowie Fedeli (2012) 43f.

42 Vitr. 6,4,1. In der *Anthologia Palatina* wird die Furcht vor Ungeziefer im Kontext von Literaturproduktion poetischer ausgedrückt: die ‚schwarze Motte' (κελαινόχρως σίλφη), der ‚Seitenfresser', gilt dort als schlimmster Feind der Musen (9,251).

43 Cic. Att. 4,4a,1.

44 Houston (2002) 148 nimmt an, dass angesichts der eher überschaubaren Komplexität der öffentlichen Bibliotheken einfach ausgebildete Sklaven aus dem kaiserlichen Haushalt genügt hätten, um die anfallenden Aufgaben in den Büchersammlungen angemessen zu erfüllen.

bicum gewonnen wurde.[45] Mit Sicherheit fanden handwerkliche Tätigkeiten, die mit Schmutz, Staub und Feuchtigkeit verbunden waren, nicht im Lesesaal, sondern in separaten Gebäuden statt, während die inhaltliche Bearbeitung der Bestände im Bibliotheksraum vorgenommen wurde. Dass dort sämtliche Arbeitsschritte parallel erfolgten, ist auch aufgrund der geringen Größe der öffentlichen Bibliotheken nahezu ausgeschlossen.[46] Unbeantwortet bleibt mangels Quellen die Frage, wo sich diese Restaurierungsräume und Werkstätten befunden haben könnten. Grundsätzlich ist nicht unwahrscheinlich, dass manche Arbeiten auch ausgelagert und von Dienstleistern in der Stadt übernommen wurden, die über eine handwerkliche Expertise im Umgang mit Buchrollen verfügten. Wie erwähnt, konzentrierten sich in der Nähe der Bibliothek des Trajansforums und der Bibliothek im *Templum Pacis* in fast auffälliger Weise Verkaufsstellen für Bücher, in denen Buchrollen in der Regel auch produziert und repariert wurden. Ein Rückgriff auf die Kapazitäten dieser Werkstätten seitens der öffentlichen Bibliotheken wäre wenig verwunderlich.[47]

4.3 Personal

Den mit Abstand größten Teil der Beschäftigten in den öffentlichen Bibliotheken stellten Sklaven und Freigelassene. Bis etwa Mitte des 2. Jahrhunderts sind 26 Personen dieser beiden Status epigraphisch oder literarisch belegt.[48] Etliche Zeugnisse verweisen zudem auf übergeordnete Verwaltungsstellen, die von Personen aus dem Ritterstand besetzt wurden.

45 Zum Zusammenleimen vgl. Plin. nat. 13,82, zur Tinte Plin. nat. 35,41–43 sowie Deißler (2007) 5 f.

46 Vgl. Blanck (1992) 219.

47 Nicholls (2019) 57–59 betont ebenfalls die Synergieeffekte, die sich aus dieser Form von „topographical clustering“ (58) ergaben.

48 Für einen Überblick zu Freigelassenen und Sklaven in den öffentlichen Büchersammlungen Roms siehe Houston (2002) 140–146.

4.3.1 Sklaven und Freigelassene

Wie in allen antiken Zivilisationen war auch im Imperium Romanum die Sklaverei omnipräsent. Der universelle Rückgriff auf Unfreie in Wirtschaft und Gesellschaft führte zu einem breiten Spektrum an Tätigkeitsfeldern. Zugleich war der Einsatz eines Sklaven häufig von dessen geographischer Herkunft, dem Zustandekommen der Unfreiheit und anderen soziokulturellen Faktoren abhängig. Die Rohheit eines kilikischen Piraten zähmte der Dienst an der Tafel eines vornehmen Senators schwerlich. Und einen Griechen mit gewissen Umgangsformen und zumindest rudimentärer Bildung steckte man nur, wenn es sich nicht vermeiden ließ, dauerhaft unter Tage in eine spanische Bleimine.[49]

In den Bibliotheken der Kaiserzeit, in öffentlichen wie privaten, arbeiteten in der Regel Sklaven und Freigelassene, die Griechisch oder Latein in Wort und Schrift beherrschten, aber wohl nicht zwangsläufig beide Sprachen. Darauf deuten die bereits erwähnten Inschriften aus dem Bereich der augusteischen Bibliotheken hin, die ausdrücklich den Einsatzort der darauf genannten Personen angeben. Dies wäre unnötig, wenn der Dienst zwischen griechischen und lateinischen Abteilungen rotierend oder ohne feste Zuweisung ausgeübt worden wäre.[50] Offenbar war es in den Anfangsjahren des römischen Bibliothekswesens sogar schwieriger, Sklaven zu finden, die lateinische Abschriften fehlerfrei zu Papyrus bringen konnten, wie ein Brief Ciceros an seinen Bruder Quintus aus dem Herbst 54 v. Chr. zu erkennen gibt.[51] Rund 10 Jahre später erbit-

49 Aus der uferlosen Literatur zur Sklaverei in Rom siehe einführend Herrmann-Otto (2015) 9–33 und Joshel (2010) 1–27.

50 Vgl. CIL VI,4431; 4435: *bibliotheca Latina* in der Bibliothek in der *Porticus Octaviae*; CIL VI,2348; 4433: *bibliotheca Graeca* in der Bibliothek in der *Porticus Octaviae*; CIL VI,5189; 5191; 5884: *bibliotheca Latina* in der palatinischen Bibliothek; CIL VI,5188: *bibliotheca Graeca* in der palatinischen Bibliothek.

51 Vgl. Cic. ad Q. fr. 3,5,6. Da Abschriften von Werken nicht nur im Bibliotheksbereich, sondern auch im Buchhandel von Sklaven angefertigt wurden,

tet Ciceros Sohn von Tiro (dem Sekretär und Sklaven Ciceros) die Zusendung eines Sklaven zum Abschreiben von Texten und zwar *maxime quidem Graecus* – am liebsten einen Griechen.[52] Die Wurzeln vieler Bibliothekssklaven lagen somit vermutlich im griechischen Kulturraum.[53] Einige mochten dort selbst noch mit Büchersammlungen in Berührung gekommen sein, andere, in der Sklaverei geborene, sich aufgrund ihrer bewusst vom Besitzer geförderten Schreib- und Lesekenntnisse für die Arbeit in den Büchersälen geeignet haben.[54]

Abgesehen von den oben genannten Tätigkeiten des Kopierens und der Ein- und Bearbeitung neuer Bände sowie von Maßnahmen der Bestandserhaltung sorgte das Personal auch für den täglichen Betrieb. Die Bibliothekssäle mussten aufgesperrt und zugeschlossen, Buchrollen an Nutzer herausgegeben werden. Hinzu kamen Informationstätigkeiten, etwa im Falle einer gezielten Nachfrage nach einem Buch. Die Erwähnung der Einsatzfelder auf den frühkaiserzeitlichen Grabinschriften deutet auf eine langfristige Beschäftigung der Verstorbenen in den Bibliotheken hin. Entsprechend fundiert dürften daher die Kenntnisse über den jeweiligen Bestand und die Systematisierung gewesen sein.[55]

Die inschriftliche Überlieferung legt offen, dass die weitaus meisten der Freigelassenen und Sklaven, die in den römischen Bibliotheken arbeiteten, aus dem kaiserlichen Haushalt stammten, der

deutet die Stelle darauf hin, dass die griechischsprachigen wohl als zuverlässigere Schreibkräfte betrachtet wurden – wenigstens für griechische Texte.

52 Vgl. Cic. ad fam. 16,21,8.

53 Vgl. Marshall (1976) 254. Dies könnte eine andere Erklärung dafür sein, dass Cicero Schwierigkeiten hatte, adäquate Abschriften lateinischer Texte zu erhalten, da sich die griechischen Kopisten bei lateinischen Texten möglicherweise schwerer taten.

54 Zur Ausbildung von Schreibsklaven Deißler (2007) 9 f.

55 Vgl. Houston (2004) 10: „the slave is the catalogue“ (aufgrund seiner langjährigen Tätigkeit in der Bibliothek).

familia Caesaris.[56] Dies unterstreicht die enge Verbindung zwischen Kaisern und öffentlichen Bibliotheken und deutet damit eine Fortsetzung der Tradition aristokratischer Privatbibliotheken aus spätrepublikanischer Zeit an.[57] Bezogen auf die Sklaven dokumentiert die Zugehörigkeit zur *familia Caesaris* zudem die finanziellen Kapazitäten des Prinzeps, die letztlich vor allem ihn in die Lage versetzten, Bibliotheken zu betreiben. Sklaven, die zügig und fehlerfrei schreiben konnten und darüber hinaus literarisch bewandert waren, stellten einen erheblichen Wertgegenstand dar. Seneca beziffert den Preis für einen Sklaven, der Homer und Hesiod in Wort und Schrift beherrschte, auf 100.000 Sesterzen.[58] Nimmt man an, dass das Bibliothekspersonal wenigstens zum Teil in dieser Weise ausgebildet war, führte am Kaiser, dem mit Abstand reichsten Menschen im Imperium Romanum, kein Weg vorbei. Ungewiss ist die im Einzelnen eingesetzte Zahl an Sklaven. Da die Bibliotheken sämtlich nicht sehr groß waren, könnte es sich um ein recht überschaubares Maß an Personal gehandelt haben.[59] Eine

56 Vgl. Houston (2014) 222; Neudecker (2004) 300; zu den exakten Verhältnissen und einer Auflistung sämtlichen epigraphischen Materials siehe Houston (2002) 141.

57 Die Fortführung dieses Modells durch die Kaiser betont vor allem Houston (2002) 151 f., der zumindest die frühkaiserzeitlichen Bibliotheken als reine Privatsammlungen des jeweiligen Prinzeps versteht und einen öffentlichen Charakter eher ablehnt. Zurückhaltend gegenüber dieser These ist Balensiefen (2011) 125.

58 Diese Zahl erhält Kontur, wenn man den Jahressold eines einfachen Legionärs im 1. Jahrhundert in Höhe von 900 Sesterzen als Vergleich heranzieht (siehe Mann [2013] 41); 900 Sesterzen waren eher ein bescheidenes Einkommen, aber keines, bei dem wirtschaftliche Not zu befürchten war. Der Preis für die genannten Sklaven bei Sen. epist. 27,6–7, siehe dazu Marshall (1976) 254.

59 In einem Edikt von 372 legte Valens fest, dass in der Bibliothek von Konstantinopel vier Schreiber (*antiquarii*) für griechische und drei Schreiber für lateinische Texte zur Verfügung stehen sollten (vgl. Cod. Theod. 14,9,2). Diese Zahlen aus der Spätantike dürften von den früh- und hochkaiserzeitlichen Verhältnissen in Rom nicht allzu weit entfernt sein, vgl. Houston (2014) 245.

Hierarchie ist gleichwohl erkennbar, da sechs der Inschriften die darauf Genannten als *vilici* ausweisen, als Aufseher oder Verwalter, die etwa aus dem Bereich der großen Landgüter bekannt sind und dort dem Sklaven- oder Freigelassenenstand angehörten.[60] Versehen mit besonderen Befugnissen und Kompetenzen, sorgte ein *vilicus* auf den Latifundien wie in den Bibliotheken in Abwesenheit des Herrn für die reibungslosen Abläufe der Geschäfte. Eine höhere Instanz innerhalb der einzelnen Bibliotheken gab es vermutlich nicht.[61]

4.3.2 Der ‚höhere Dienst'

Weiteres bekanntes Personal rekrutierte sich aus den Gesellschaftsschichten jenseits der Sklaven und Freigelassenen. Augustus hatte mit dem Aufbau der *Bibliotheca Palatina* den Gelehrten Pompeius Macer beauftragt.[62] Dessen Aufgabe bestand darin, aus dem Nichts den Bestandsaufbau für eine vollkommen neue und repräsentative Bibliothek zu leisten. Geleitet hat Macer die Bibliothek anschließend allerdings nicht. Denn als alle Rollen in ihren Schränken lagen, übernahm C. Iulius Hyginus, ein Freigelassener des Augustus, die Verantwortung für die Bibliothek auf

60 Zu den Aufgaben eines *vilicus* zusammenfassend Nelsestuen (2014) 146; zu den *vilici* in Bibliotheken Houston (2002) 155 f. und Carlsen (1995) 41–43.

61 Vgl. Houston (2002) 155. Auch der im Briefwechsel zwischen Marc Aurel und Fronto erwähnte *bibliothecarius* aus der Bibliothek in der *Domus Tiberiana* (vgl. Front. epist. 4,5) war ein *vilicus*, mithin ein Bibliothekssklave. Vermutlich handelt es sich bei *bibliothecarius* um eine leicht despektierliche Wortschöpfung Marc Aurels, vgl. Houston (2004) 11 f. Bei dem strengen *praepositus*, der in trist. 3,1,68 verhindert, dass ein Exemplar der *Tristia* in die *Bibliotheca Palatina* aufgenommen wird, dürfte Ovid ebenfalls einen Verantwortlichen auf der Ebene eines *vilicus* im Kopf gehabt haben – möglicherweise ganz konkret C. Iulius Hyginus, siehe zu ihm das Folgende. Vielleicht spielt Ovid im übertragenen Sinn aber auch auf Augustus persönlich an, der schließlich den Boykott gegen Ovids Werke angeordnet hatte.

62 Vgl. Suet. Iul. 56,7 und allgemein zu Pompeius Macer PIR^2 P 625.

dem Palatin.[63] Als *libertus Augusti* stand Hyginus in direktem Abhängigkeitsverhältnis zum Prinzeps. Seine Bestellung fügt sich damit in die bereits erwähnte enge Verbindung zwischen Kaiser und Bibliothekspersonal ein. Möglicherweise agierte Hyginus in der *Bibliotheca Palatina* auch lediglich als *vilicus*. Auf Kompetenzbereiche, die jenseits dieser Bibliothek gelegen hätten, deutet zumindest nichts hin.

Seit der Regierungszeit des Tiberius verzeichnet die Überlieferung Bibliotheksprokuratoren, vom Kaiser ernannte Verwaltungsbeamte aus dem Ritterstand, die offenbar übergreifend im römischen Bibliothekswesen wirkten und keiner speziellen Bibliothek zugeordnet waren.[64] Hinter der Einführung dieser neuen obersten Hierarchiestufe steht vermutlich die Gründung der vierten öffentlichen Büchersammlung in Rom, jener im *Templum Divi Augusti*, so dass angesichts der zunehmenden Komplexität der stadtrömischen Bibliothekslandschaft eine veränderte Administration probat erschien.[65] Für mindestens 150 Jahre, während der Blütezeit

63 Vgl. Suet. gramm. 20. Zur Chronologie um Macer und Hyginus siehe Houston (2014) 220 f., der als sprachliches Argument für die unterschiedlichen Aufgaben der beiden die Verben *ordinare* („organisieren"; Suet. Iul. 56,7) im Falle Macers und *praeesse* („vorstehen"; Suet. gramm. 20) im Falle des Hyginus hervorhebt.

64 Die Begrifflichkeiten für dieses neue Amt variieren. Die Inschriften verwenden Umschreibungen (vgl. AE 1960,26: Ti. Iulius Pappus als Verantwortlicher für alle kaiserlichen Bibliotheken in der Zeit zwischen Tiberius und Claudius [*supra bybliothecas omnes Augustorum*]) oder konkrete Amtsbezeichnungen, die an andere Verwaltungsposten im Umfeld des Kaisers oder im Staatsdienst erinnern (vgl. *a bibliothecis* für Sueton unter Trajan [AE 1953,73], *procurator bibliothecarum* für Valerius Eudaimon aus der Regierungszeit Hadrians [IGRR III,1077] und ἐπιστάτης […] ἐπὶ τῶν ἐν Ῥώμηι βιβλιοθηκῶν für L. Iulius Vestinus, ebenfalls unter Hadrian [IG XIV,1085]). Im Folgenden wird die Bezeichnung Bibliotheksprokuratoren verwendet. Zur Ausformung der ritterlichen Prokuraturen zwischen Augustus und den Flaviern allgemein Faoro (2011) 81–153.

65 Vgl. Houston (2014) 234 f.

des römischen Bibliothekswesens, standen den öffentlichen Büchersammlungen diese ritterlichen *procuratores* vor.[66]
Die Bibliotheksprokuratoren waren sicherlich für jegliche Vorgänge im Kontext von Bestandserweiterungen zuständig. Wenn den Kaiserhof Geschenke erreichten oder in Folge einer Enteignung oder Vererbung ganze Privatbibliotheken dort anlangten, mussten Entscheidungen bezüglich der Aufstellung dieser Bestände getroffen werden.[67] Dies erfolgte zweifellos in enger Absprache mit dem Prinzeps und abhängig von den inhaltlichen Schwerpunkten und räumlichen Kapazitäten der einzelnen Bibliotheken. Bei besonderen thematischen Wünschen des Kaisers, bei Planungen eines neuen Bibliotheksbaus, aber auch im konkreten Fall der umfassenden reichsweiten Rückergänzung unter Domitian waren die Bibliotheksprokuratoren gefordert. Als ihre Ansprechpartner in den einzelnen Bibliotheken fungierten die bereits erwähnten *vilici*.[68]
Bis Mitte des 2. Jahrhunderts sind einige Bibliotheksprokuratoren namentlich bekannt. Soweit Einzelheiten ihrer Karrieren rekonstruierbar sind, handelte es sich um Verwaltungsbeamte mit hoher Fach- oder Sachkompetenz.[69] In der zweiten Hälfte des 1. Jahrhunderts stand den römischen Bibliotheken der Grammatiker Dionysios vor, ein angesehener Gelehrter, der vor seinem Ruf nach Rom in Alexandria wissenschaftlich aktiv war.[70] Unter Trajan

66 Zur Chronologie vgl. van't Dack (1963) 180–184, der erwägt, dass das Amt spätestens am Beginn des 3. Jahrhunderts mit der Prokuratur *a studiis* zusammengelegt wurde, deren Aufgabenbereiche ebenfalls in Wissenschaft und Bildung lagen.

67 Vgl. Houston (2014) 241.

68 Vgl. Houston (2014) 243 f.

69 Eine tabellarische Übersicht der bekannten Bibliotheksprokuratoren bei Houston (2002) 162–164 und van't Dack (1963) 177–179.

70 Zu Dionysios siehe den Eintrag in der *Suda* Δ 1173. Die dortige Auflistung seiner weiteren, vermutlich im Anschluss an die Bibliotheksprokuratur übernommenen Verantwortlichkeiten unterstreicht höchste Literalität: Dionysios leitete zeitweise im Amt des *ab epistulis* die kaiserliche Kanzlei und war darü-

und vermutlich auch unter Hadrian lenkte Sueton, der sich als Verfasser von unter anderem elf bis heute einschlägigen Kaiserbiographien literarische Meriten erwarb, die stadtrömischen Bibliotheken.[71] Valerius Eudaimon war möglicherweise der direkte Nachfolger Suetons als Bibliotheksprokurator in Rom. Als enger Vertrauter Hadrians bekleidete er vor und nach seiner Tätigkeit in den Bibliotheken wichtige Ämter in der Finanzverwaltung des Reiches. In seinem Fall ist ein hohes Sachverständnis für Finanz- und Budgetfragen im Kontext der Bibliotheken anzunehmen.[72] Mit L. Iulius Vestinus schließlich wurde unter Hadrian einem Mann die Verantwortung für die Bibliotheken übertragen, der aufgrund seiner vorherigen Leitung des *Museion* in Alexandria neben einem imposanten wissenschaftlichen Profil auch einen dezidiert bibliothekarischen Hintergrund mitbrachte.[73]

ber hinaus für Korrespondenz und Umgang mit ausländischen Gesandtschaften zuständig (vgl. PIR² D 103 sowie die Rekonstruktion von Dionysios' Vita bei Holder [2020] 190 f.).

71 Vgl. die Inschrift AE 1953,73 mit der Aufzählung von Suetons hohen Verwaltungsposten. Wie Dionysios, hatte auch Sueton als *ab epistulis* unter Trajan und Hadrian die Aufsicht über die gesamte kaiserliche Korrespondenz inne. Zur Rolle Suetons im kaiserzeitlichen Bibliothekswesen Houston (2014) 235 f. und Bowie (2013) 251 f.

72 Vgl. zu Eudaimons Stationen in der kaiserlichen Verwaltung CIL III,431 und IGRR III,1077. Beide Inschriften geben an, dass Eudaimon unter Hadrian als *ab epistulis Graecis* (bzw. ἐπὶ ἐπιστολῶν Ἑλληνικῶν auf IGRR III,1077) fungierte. Er konnte somit nicht nur rechnen, sondern auch fließend Griechisch lesen und schreiben (siehe zu Eudaimon Holder [2020] 200 f. und Houston [2014] 236 f., der eine Expertise in finanziellen Aspekten im Falle der öffentlichen Bibliotheken, die nur geringe und eher stetige Ausgaben gehabt hätten, für weniger relevant hält [239 f.]).

73 Zur Laufbahn des Vestinus vgl. IG XIV,1085 sowie Holder (2020) 206 f. Hatzimichali (2019) 43 erwägt, dass Vestinus aufgrund seiner Vergangenheit in Alexandria auch rare Großwerke wie das aus mindestens 90 Büchern bestehende und von Vestinus in Epitome überführte Lexikon des späthellenis-

Die Bibliotheksprokuratoren zählten zu den *procuratores ducenarii*, der zweithöchsten ‚Besoldungsklasse' der ritterlichen Beamten, mit einem Jahresgehalt von 200.000 Sesterzen.[74] Die Kaiser ließen sich die adäquate Bibliotheksverwaltung etwas kosten. Indem sie die Beamten ernannten, behielten sie jedoch zugleich die Kontrolle über die Büchersammlungen.[75] Freilich erteilt die bruchstückhafte Überlieferung zu den einzelnen Laufbahnen keine Auskünfte darüber, ob die Betroffenen ihre Aufgabe gut oder schlecht ausübten. Deutlich wird allerdings, dass die Stelle mit Sorgfalt besetzt wurde und sachliche Kriterien bei der Auswahl zugrunde lagen. Im Gegensatz zu einigen anderen Prokuratorenstellen in der Reichsverwaltung genügte Kaisernähe allein nicht. Insgesamt unterstreicht somit auch die Personalpolitik den hohen Stellenwert, den die öffentlichen Bibliotheken in den Augen der Kaiser besaßen. Die repräsentative Funktion der Büchersammlungen endete nicht an der Fassade, sondern stand auch hinter den Kulissen auf tragfähigem Grund.

tischen Gelehrten Pamphilos als vollständige Abschrift in Rom zugänglich gemacht haben könnte.

74 Vgl. Holder (2020) 200 und Pflaum (1950) 236. Als Ausnahme erscheint CIL X,7580, eine Ehreninschrift aus dem späten 2. Jahrhundert für den *procurator bibliothecae* Baebius Aurelius Iuncinus, der dort als *procurator sexagenarius* ausgewiesen wird: Mit einem jährlichen Gehalt von 60.000 Sesterzen gehörte Iuncinus demnach der niedrigsten Besoldungsstufe für ritterliche Beamte an, vgl. Houston (2014) 243. Erneut sei auf das Jahresgehalt eines Legionärs in Höhe von 900 Sesterzen verwiesen.

75 Vgl. Bowie (2013) 260 und Neudecker (2004) 300.

Schluss

Zahlreiche Eigenschaften und Funktionsweisen der römischen Bibliotheken erscheinen überraschend vertraut. Sie zählen, im Kern fast unverändert, noch heute zum Kanon bibliothekarischer Basisfunktionen.[1] Die unterschiedlichen Erwerbungswege der kaiserzeitlichen Bibliotheken, vom Geschenk über die Reproduktion bis zum Kauf, gehören noch immer zum bibliothekarischen Alltag. Selbst die Enteignung als Form des Bestandszugangs besitzt Aktualität, wenngleich in Form einer kritischen Provenienzforschung derzeit auf gänzlich anderer Ebene. Systematisch aufgestellte Bestände, Kataloge als Nachweisinstrumente, geschultes Personal – der Aufenthalt in einem Bibliothekssaal der römischen Kaiserzeit würde einem modernen Bibliotheksbenutzer keinerlei Schwierigkeiten bereiten. Lediglich das Parlieren und Diskutieren in den römischen Bücherhallen könnte irritieren. Und selbst dies stellt in der multifunktionalen Bibliothekswelt von heute mit ihren ausdifferenzierten und jede Zielgruppe und jeden Anlass berücksichtigenden Raumkonzepten keine allzu ungewohnte Atmosphäre mehr dar.

Und sonst? Die Büchersammlungen in Rom waren Angelegenheit der Kaiser. Dabei war Herrschaftslegitimation durch Kultur bereits in Rom nichts Neues. Im Prinzip handelten Augustus und sei-

1 Vgl. dazu Plassmann u. a. (2011) 220: Auswählen, Sammeln, Archivieren, Bereitstellen, Vermitteln. Lediglich Letzteres, in den modernen Lehrwerken auf Aspekte wie Leseförderung oder Kurse in Informationskompetenz bezogen, blieb in den öffentlichen Bibliotheken in Rom ausgespart.

ne Nachfolger in dieser Hinsicht als Epigonen der hellenistischen Könige. Neu war die Konstellation, die sich aus den spezifischen Bedingungen des römischen Kaisertums ergab. Anders als die absoluten Monarchen des Ostens war ein römischer Prinzeps darauf angewiesen, von Aristokratie, Volk und Militär in seiner Position anerkannt zu werden. In Rom brachten – neben vielen anderen Dingen – auch Repräsentation und Kulturförderung in Form von Bibliotheken Akzeptanz, und Akzeptanz sicherte Macht. Die Kaiser errichteten die Bibliotheken an exponierten Orten in der Hauptstadt, betteten sie ein in Gebäudeensembles mit unmissverständlicher Programmatik. Das wirkt nicht fremd: Bibliotheken dienen auch heute noch der Repräsentation. Formen, Farben und Design, Kunst am Bau – kaum eine moderne Bibliothek ist sich als nüchterne Büchersammlung genug. ‚Nationalbibliotheken' übertrumpfen sich gegenseitig mit ihrer Architektur, da spielt es sogar oft keine Rolle, ob vor den Pforten das Volk hungert.[2]
Die öffentlichen Bibliotheken Roms nutzten wohl ausschließlich männliche Angehörige der Oberschicht, Zeitgenossen, deren Tagesablauf den Zugang zur Muße problemlos erlaubte. Dem größten Teil der römischen Bevölkerung standen die Schriftrollen mithin nicht zur Verfügung. Hier hat sich sehr viel getan: Artikel 5, Absatz 1 des Grundgesetzes formuliert das Recht, „sich aus allgemein zugänglichen Quellen ungehindert zu unterrichten". Wenigstens in Deutschland steht die Verfügbarkeit des Wissens heute auf soliden demokratischen Füßen. Die faktisch limitierte Nutzung der öffentlichen Bibliotheken in Rom mindert nicht, dass ihre Einrichtung bis dahin ungesehene Zugriffsmöglichkeiten auf Wissen und Kulturgüter schuf und die Verbreitung literarischer Werke deutlich vorantrieb. Darüber hinaus wirkte der Kaiser mit seiner Protektion von Literatur und Wissenschaft als Vorbild. Die gesellschaft-

2 Siehe zum Beispiel die ‚Große Studienhalle des Volkes' in Pjöngjang mit ihren erstaunlichen Ausmaßen.

lichen Eliten, noch mehr aber jene Aufsteiger, die in den dynamischen und oft unberechenbaren Abhängigkeitsverhältnissen des Prinzipats in rauen Mengen produziert wurden, suchten die kulturelle *imitatio* des Kaisers. Privatbibliotheken waren bereits in der Republik Statussymbole. Aufgrund der Anschlussfähigkeit an das kaiserliche Vorbild blieben sie es bis in die Spätantike. Der Besitz von Literatur wurde zum Mainstream und förderte Literalität und Wissensdistribution im gesamten Imperium Romanum.

Bezüglich der Auswahl ihrer Bestände saßen die römischen Kaiser und ihre Bibliotheksprokuratoren im selben Boot wie die Besitzer der privaten Bibliotheken im Reich. Zur Verfügung stand die Literaturproduktion der griechisch-römischen Zivilisation der Mittelmeerwelt. Anderes war kaum von Interesse, anderes war in der Hohen Kaiserzeit allerdings auch kaum vorhanden. Moderne Bibliotheken können den Blick schon seit Langem erweitern. Keine Sprache der Welt, kein Interessensgebiet bleibt unbeleuchtet. Mit steil ansteigender Kurve sorgt die Digitalisierung weltweit für ungeahnte Schübe bei der Zugänglichkeit von Bibliotheksgut und für eine Vervielfachung von Information. Gleichwohl bestehen die Kernfragen unverändert seit über 2000 Jahren: Was gilt es zu bewahren, was ist der Erinnerung wert? Mit der Einrichtung von Büchersammlungen in Rom (und zuvor im griechischen Raum) standen diese Überlegungen erstmals konkret an. Sie gehören noch heute zur wichtigsten Verantwortung eines jeden Bibliothekars. In einem Brief an seinen Freund und Vertrauten Atticus schreibt Cicero sinngemäß, eine Bibliothek sei wie die Seele eines Hauses.[3] Womöglich bilden Bibliotheken dann auch die Seele einer Gesellschaft. Man kann also viel falsch machen.

3 Vgl. Cic. Att. 4,8,2: Nach der Neuordnung der Bibliothek fühle es sich an, so Cicero, als sei seinem Haus die Seele beigegeben worden (*mens addita videtur meis aedibus*).

Quellen- und Literaturverzeichnis

Abkürzungen

1 Antike Autoren

Die Abkürzungen der antiken Autoren und Werktitel folgen den Vorgaben in *Der Neue Pauly. Enzyklopädie der Antike*, Band 1, Stuttgart/Weimar 1996, S. XXXIX–XLVII. Zitierte Autoren und Werke, die dort nicht vorkommen, sind im Folgenden erfasst:

- mens. pond. = Epiphanius von Salamis, De mensuris et ponderibus
- Front. epist. = Marcus Cornelius Fronto, Epistulae
- Gal. comp. med. gen. = Galenus, De compositione medicamentorum per genera
- Gal. diff. puls. = Galenus, De differentia pulsuum
- Gal. ind. = Galenus, De indolentia
- Gal. lib. prop. = Galenus, De libris propriis
- Gal. loc. aff. = Galenus, De locis affectis
- Sch. Aristoph. prol. com. = Scholia in Aristophanem, Prolegomena de comoedia

2 Moderne Werke und Quellensammlungen

Die Zeitschriftenabkürzungen folgen den Vorgaben der *Année Philologique*. Abkürzungen von Reihentiteln, Quellensammlungen und Inschriftenkorpora sind im Folgenden angeführt:

- AE = L'année épigraphique
- CIL = Corpus Inscriptionum Latinarum
- IGRR = Inscriptiones Graecae ad Res Romanas Pertinentes
- LTUR = Lexicon topographicum urbis Romae
- P. Oxy. = The Oxyrhynchus Papyri
- P. Russ. Georg. = Papyri russischer und georgischer Sammlungen
- PIR = Prosopographia Imperii Romani
- Tab. Vindol. = Tabulae Vindolandenses

Quellenverzeichnis

Angegeben sind ausschließlich die textkritischen Ausgaben, die in der Arbeit verwendet wurden. Alle Übersetzungen stammen vom Verfasser.

Anthologia Palatina
A. F. Gow. The Greek Anthology, voll. I–IV, Cambridge 1965–1968.

Aristeasbrief
L. Mendelssohn / P. Wendland, Aristeas. Ad Philocratem epistula, Leipzig 1900.

Aristophanes
F. W. Hall / W. Geldart, Aristophanes. Comoediae, voll. I–II, Oxford ²1906–1907.

Athenaios
G. Kaibel, Athenaeus Naucratites. Dipnosophistae, voll. I–III, Stuttgart 1961–1966.

Augustus
J. Scheid, Augustus. Res gestae, Paris 2007.

Cassius Dio
U. Ph. Boissevain, Cassius Dio Cocceianus. Historiarum Romanorum quae supersunt, voll. I–III, Berlin ²1955.

Catull
H. Bardon, Catullus Veronensis. Carmina, Stuttgart 1973.

Cicero
H. Rackham, M. Tullius Cicero. Academicae quaestiones, Cambridge/Mass. 1978.

C. F. W. Müller, M. Tullius Cicero. Tusculanae disputationes, Leipzig 1904.

J. D. Denniston, M. Tullius Cicero. In M. Antonium orationes Philippicae prima et secunda, Oxford 1926 (Nachdruck Oxford 1965).

V. Marek, M. Tullius Cicero. De lege agraria, Leipzig 1983.

Th. Schiche, M. Tullius Cicero. De finibus bonorum et malorum, Leipzig 1915 (Nachdruck Stuttgart / Leipzig 1993).

D. R. Shackleton Bailey, M. Tullius Cicero. Epistulae ad Atticum, voll. I–II, Stuttgart 1987.

W. S. Watt, M. Tullius Cicero. Epistulae ad Quintum fratrem; Epistulae ad M. Brutum; Fragmenta Epistularum, Oxford 1958.

D. R. Shackleton Bailey, M. Tullius Cicero. Epistulae ad familiares, Stuttgart 1988.

K. Ziegler / W. Görler, M. Tullius Cicero. De legibus, Freiburg / Würzburg ³1979.

Codex Theodosianus
Th. Mommsen / P. M. Meyer. Codex Theodosianus, voll. I,1–2, Berlin ²1905 (Nachdruck Berlin 1954).

Columella
W. Lundström u. a., L. Iunius Moderatus Columella. Rei rusticae, voll. I–VIII, Göteborg 1897–1968.

Corpus Iuris Civilis
P. Krüger / Th. Mommsen. Corpus Iuris Civilis 1: Institutiones; Digesta, Berlin ²1877 (korr. Nachdruck Berlin 1954).

Epiphanius von Salamis
W. Dindorf, Epiphanius episcopus Constantiae. Opera, 4,1, De mensuris et ponderibus; De gemmis, Leipzig 1862.

Eusebius von Caesarea
E. Schwartz, Eusebius Caesariensis. Historia ecclesiastica, Berlin ⁵1955.

Festus
W. M. Lindsay, Sex. Pompeius Festus. De verborum significatu quae supersunt cum Pauli epitomae, Leipzig 1913 (Nachdruck Hildesheim 1965).

Fronto
M. P. J. van den Hout, M. Cornelius Fronto. Epistulae, Leipzig 1988.

Galen
C. G. Kühn, Claudius Galenus. Opera Omnia, voll. I–XX, Leipzig 1821–1831 (Nachdruck Hildesheim 1964–1965).

V. Boudon-Millot / J. Jouanna, Galien. Oeuvres, tome IV: Ne pas se chagriner, Paris 2010.

Gellius
C. Hosius, Aulus Gellius. Noctes Atticae, voll. I–II, Leipzig 1903 (Nachdruck Stuttgart 1959).

Hieronymus
R. Helm, Hieronymus. Chronicon, Berlin ²1956.

Historia Augusta
E. Hohl. Scriptores Historiae Augustae, voll. I–II, Leipzig 1927.

Horaz
D. R. Shackleton Bailey, Q. Horatius Flaccus. Opera, Stuttgart ⁴2001 (Nachdruck Berlin 2008).

Isidor von Sevilla
W. M. Lindsay, Isidorus Hispalensis Episcopus. Etymologiarum sive originum libri XX, voll. I–II, Oxford 1911 (Nachdruck Oxford 1962).

Iuvenal
J. Willis, D. Iunius Iuvenalis. Saturae, Stuttgart / Leipzig 1997.

Johannes Chrysostomos
Sanctus Joannes Chrysostomus. Opera omnia, voll. I–XIII, Paris 1842–1843.

Josephus
B. Niese, Flavius Iosephus. Opera vol. VI: De bello Iudaico libros VII, Berlin 1955.

Martial
W. Heraeus, M. Valerius Martialis. Epigrammaton libri, Leipzig ^{2}1976.

Ovid
J.B. Hall, P. Ovidius Naso. Tristia, Stuttgart / Leipzig 1995.

A. Ramírez de Verger, P. Ovidius Naso. Carmina amatoria, München / Leipzig 2003.

Petron
K. Müller, Petronius Arbiter. Satyricon reliquiae, Stuttgart ^{4}1995 (korrig. Nachdruck München / Leipzig 2003).

Platon
J. Burnet, Platon. Opera, voll. I–V, Oxford 1900–1907.

Plinius Maior
L. von Jan / K. Mayhoff, C. Plinius Secundus. Naturalis historiae, voll. I–VI, Leipzig 1892–1909 (Nachdruck Stuttgart 1967–1970).

Plutarch
K. Ziegler, Plutarchus. Vitae parallelae, voll. I–VII, Leipzig 1957–1973.

Quintilian
M. Winterbottom, M. Fabius Quintilianus. Institutionis oratoriae libri duodecim, voll. I–II, Oxford 1970.

Sallust
E. Malcovati, C. Sallustius Crispus. Bellum Iugurthinum, Torino 1971.

Scholia in Aristophanem
F. Dübner. Scholia Graeca in Aristophanem cum prolegomenis grammaticorum, Paris 1877 (Nachdruck Hildesheim 1969).

Scholia in Horatium
O. Keller. Pseudacronis scholia in Horatium vetustoria, voll. I–II, Leipzig 1902–1904 (Nachdruck Stuttgart 1967).

Scholia in Iuvenalem
P. Wessner. Scholia in Iuvenalem vetustoria, Stuttgart 1967.

Seneca Minor
L.D. Reynolds, L. Annaeus Seneca. Ad Lucilium epistulae morales, voll. I–II, Oxford 1965.

O. Häger, L. Annaeus Seneca. De tranquillitate animi; De vita beata, Leipzig 1927.

M. C. Gertz, L. Annaeus Seneca. De beneficiis; De clementia, Berlin 1876.

Servius
G. Thilo / H. Hagen, Servius. In Vergilii carmina commentarii, voll. I–III, Leipzig 1883–1887 (Nachdruck Hildesheim 1961).

Sidonius
P. Mohr, C. Sollius Apollinaris Sidonius, Leipzig 1895.

Statius
G. Liberman, P. Papinius Statius. Silvae, Paris 2010.

Strabon
S. Radt, Strabon. Geographika, voll. I–IV, Göttingen 2002–2005.

Suda
A. Adler. Suidae Lexicon, voll. I–V, Leipzig 1928–1938.

Sueton
M. Ihm, C. Suetonius Tranquillus. De vita Caesarum, voll. I–II, Leipzig 1933 (Nachdruck Stuttgart 1958).

G. Brugnoli, C. Suetonius Tranquillus. De grammaticis et rhetoribus, Leipzig ^{2}1963.

Tacitus
H. Heubner, P. Cornelius Tacitus. Annales, Stuttgart 1983.

Vergil
G. B. Conte, P. Vergilius Maro. Aeneis, Berlin 2009.

Vitruv
F. Krohn, M. Vitruvius Pollio. De architectura libri decem, Leipzig 1912.

Literaturverzeichnis

Adamik, Béla (2005): Tres bybliothecas habeo, unam Graecam, alteram Latinam: textkritische, philologische und soziolinguistische Interpretation von Petrons Satyricon 48.4, AAntHung 45, 133–142.

Adams, Sean A. (2019): „Translating Texts: Contrasting Roman and Jewish Depictions of Literary Translations“, in: Ders.: Scholastic Culture in the Hellenistic and Roman Eras. Greek, Latin, and Jewish (Transmissions 2). Berlin, 147–167.

Affleck, Michael (2013): „Priests, patrons, and playwrights. Libraries in Rome before 168 BC“, in: Jason König u. a.: Ancient libraries. Cambridge, 124–136.

Ambaglio, Delfino (1983): „La dedica delle opere letterarie antiche fino all'età dei Flavi", in: Ders. / David Asheri: Saggi di letteratura e storiografia antiche (Biblioteca di Athenaeum 2). Como, 7–52.

Ammirati, Serena (2019): „Towards a Typology of the Ancient Latin Legal Book", in: Sean A. Adams: Scholastic Culture in the Hellenistic and Roman Eras. Greek, Latin, and Jewish (Transmissions 2). Berlin, 69–81.

Bätz, Alexander (2014): „Glaube und Kalkül", in: Benedikt Erenz: Augustus. Roms erster Kaiser; Tyrann oder Lichtgestalt? (ZEIT Geschichte 2014, 2). Hamburg, 70–75.

Bagnall, Roger S. (2002): Alexandria: Library of Dreams, PAPhS 146, 348–362.

Balensiefen, Lilian (2002): „Die Macht der Literatur. Über die Büchersammlungen des Augustus auf dem Palatin", in: Wolfram Hoepfner: Antike Bibliotheken. Mainz, 97–116.

Balensiefen, Lilian (2006): „Bibliotheca Palatina. Die Apollo-Bibliothek", in: Adolf Hoffmann / Ulrike Wulf: Die Kaiserpaläste auf dem Palatin in Rom. Das Zentrum der römischen Welt und seine Bauten. Mainz, 100–111.

Balensiefen, Lilian (2011): „Orte medialer Wirksamkeit. Zur Eigenart und Funktion der Bibliotheken in Rom", in: Elke Blumenthal / Wolfgang Schmitz: Bibliotheken im Altertum (Wolfenbütteler Schriften zur Geschichte des Buchwesens 45). Wiesbaden, 123–160.

Bishop, Caroline (2019): Cicero, Greek learning, and the making of a Roman Classic. Oxford.

Blänsdorf, Jürgen (2016): Das Thema der Sklaverei in den Werken Ciceros (Forschungen zur antiken Sklaverei 42). Stuttgart.

Blanck, Horst (1992): Das Buch in der Antike. München.

Bowditch, Phebe Lowell (2001): Horace and the gift economy of patronage (Classics and contemporary thought 7). Berkeley.

Bowie, Ewen (1989): „Poetry and Poets in Asia and Achaia", in: Susan Walker: The Greek Renaissance in the Roman Empire. Papers from the tenth British Museum Classical Colloquium (BICS Supplementary papers 55). London, 198–205.

Bowie, Ewen (2013): „Libraries for the Caesars", in: Jason König u. a.: Ancient libraries. Cambridge, 237–260.

Bradley, John (2019): „The Hypogeum of the Aurelii: a Collegiate Tomb of Professional Scribes“, in: Roberta Berardi u. a.: On the track of the books. Scribes, libraries and textual transmission (Beiträge zur Altertumskunde 375). Berlin, 239–267.

Cadario, Matteo (2016): „Osservazioni sulla presenza di Tiberio nei cosidetti cicli statuari imperiali“, in: Fabrizio Slavazzi / Chiara Torre: Intorno a Tiberio. Archeologia, cultura e letteratura del Principe e della sua epoca (Materia e arte 2). Sesto Fiorentino, 18–29.

Carettoni, Gianfilippo (1960): La pianta marmorea di Roma antica. Forma urbis Romae. Roma.

Carlsen, Jesper (1995): Vilici and Roman estate managers until AD 284 (Analecta Romana Instituti Danici. Supplementum 24). Rome.

Casson, Lionel (2002): Bibliotheken in der Antike. Düsseldorf.

Cavallo, Guglielmo (2010): „Donne e cultura scritta nel mondo romano da Cesare ad Adriano“, in: Yves Perrin: Neronia VIII. Bibliothèques, livres et culture écrite dans l’Empire Romain de César à Hadrien; actes du VIIIe colloque international de la SIEN, Paris, 2–4 octobre 2008 (Collection Latomus 327). Bruxelles, 217–226.

Chillet, Clément (2016): De l’Étrurie à Rome. Mécène et la fondation de l’Empire. Roma.

Coarelli, Filippo (1993): „Atrium Libertatis“, in: Eva Margareta Steinby: LTUR 1. Roma, 133–135.

Coqueugniot, Gaelle (2010): „Des bibliothèques pour le public… et à la gloire de leurs fondateurs. Les motivations des fondateurs de bibliothèques dans les provinces orientales de l’empire romain, de César à Hadrien“, in: Yves Perrin: Neronia VIII. Bibliothèques, livres et culture écrite dans l’Empire Romain de César à Hadrien; actes du VIIIe colloque international de la SIEN, Paris, 2–4 octobre 2008 (Collection Latomus 327). Bruxelles, 41–53.

Deißler, Johannes (2007): „Sklaven in der römischen Buchproduktion“, in: Sven Günther: Pragmata. Beiträge zur Wirtschaftsgeschichte der Antike im Gedenken an Harald Winkel (Philippika 17). Wiesbaden, 1–15.

Dix, T. Keith (2000): The library of Lucullus, Athenaeum 88, 441–464.

Dix, T. Keith / Houston, George W. (2006): Public libraries in the city of Rome, MEFRA 118, 671–711.

Dorandi, Tiziano (2010): „Pratiques d'écriture et de copie dans la bibliothèque de Philodème à Herculanum", in: Yves Perrin: Neronia VIII. Bibliothèques, livres et culture écrite dans l'Empire Romain de César à Hadrien; actes du VIIIe colloque international de la SIEN, Paris, 2–4 octobre 2008 (Collection Latomus 327). Bruxelles, 100–104.

Dortmund, Annette (2001): Römisches Buchwesen um die Zeitenwende. War T. Pomponius Atticus (110–32 v. Chr.) Verleger? (Buchwissenschaftliche Beiträge aus dem Deutschen Bucharchiv München 66). Wiesbaden.

Faoro, Davide (2011): Praefectus, procurator, praeses. Genesi delle cariche presidiali equestri nell'Alto Impero Romano (Studi Udinesi sul Mondo Antico 8). Firenze.

Fedeli, Paolo ([9]2012): „Biblioteche private e pubbliche a Roma e nel mondo romano", in: Guglielmo Cavallo: Le biblioteche nel mondo antico e medievale (Biblioteca Universale Laterza 250). Roma, 29–64.

Fehrle, Rudolf (1986): Das Bibliothekswesen im alten Rom. Voraussetzungen, Bedingungen, Anfänge (Schriften der Universitätsbibliothek Freiburg im Breisgau 10). Freiburg.

Fine Licht, Kjeld de (1974): Untersuchungen an den Trajansthermen zu Rom (Analecta Romana Instituti Danici. Supplementum 7). København.

Fioretti, Paolo (2010): „Libri d'uso e scritture informali in età romana", in: Yves Perrin: Neronia VIII. Bibliothèques, livres et culture écrite dans l'Empire Romain de César à Hadrien; actes du VIIIe colloque international de la SEIN, Paris, 2–4 octobre 2008 (Collection Latomus 327). Bruxelles, 91–99.

Fleury, Philippe / Madeleine, Sophie (2019): „Le sanctuaire d'Apollon, trait d'union entre le Palatin d'Auguste et celui des Flaviens. Proposition de restitution virtuelle", in: Manuel de Souza / Olivier Devillers: Neronia X. Le Palatin, émergence de la colline du pouvoir à Rome, de la mort d'Auguste au règne de Vespasien, 14–79 p. C. (Ausonius éditions. Mémoires 55). Bordeaux, 167–182.

Fragaki, Hélène (2017): „La Bibliothèque d'Alexandrie: questions de topographie et d'architecture", in: Christophe Rico / Anca Dan: The Library of Alexandria. A cultural crossroads of the ancient world; Proceedings of the Second Polis Institute Interdisciplinary Conference. Jerusalem, 3–42.

Frampton, Stephanie (2016): What to do with books in the „De finibus", TAPhA 146, 117–147.

Fulkerson, Laurel (2017): A literary commentary on the Elegies of the Appendix Tibulliana. Oxford.

Galli, Marco (2017): „La città dei Sofisti. Luoghi della Seconda Sofistica a Roma", in: Alexandra W. Busch u. a.: Urbanitas – urbane Qualitäten. Die antike Stadt als kulturelle Selbstverwirklichung; Kolloquium 19.–21. Dezember 2012 in München, Kommission zur Erforschung des antiken Städtewesens der Bayerischen Akademie der Wissenschaften (RGZM-Tagungen 33). Mainz, 91–110.

Gamble, Harry Y. (1995): Books and readers in the early church. A history of early Christian texts. New Haven.

Gensheimer, Maryl B. (2018): Decoration and display in Rome's imperial Thermae. Messages of power and their popular reception at the Baths of Caracalla. New York.

Glorius, Lydia (2016): Antike Bibliotheken. Griechisch-römische Doppelbibliotheken, Jahrbuch für Buch- und Bibliotheksgeschichte 1, 49–71.

Goldhill, Simon (2011): „The Anecdote. Exploring the Boundaries between Oral and Literate Performance in the Second Sophistic", in: William A. Johnson / Holt N. Parker: Ancient literacies. The culture of reading in Greece and Rome. Oxford, 96–113.

Graf, Fritz (2009): Apollo. London.

Grzybek, Erhard (2010): „Rome et la culture écrite étrangère. Domitien et ses obélisques à Rome et à Bénévent", in: Yves Perrin: Neronia VIII. Bibliothèques, livres et culture écrite dans l'Empire Romain de César à Hadrien; actes du VIIIe colloque international de la SIEN, Paris, 2–4 octobre 2008 (Collection Latomus 327). Bruxelles, 239–247.

Günther, Sven (2009): „Zwischen *gens Flavia* und *gens Iulia*. Domitians Herrschaftsübernahme und Kaiserkonzeption", in: Hartwin Brandt u. a.: Genealogisches Bewusstsein als Legitimation. Inter- und intragenerationelle Auseinandersetzungen sowie die Bedeutung von Verwandtschaft bei Amtswechseln (Bamberger historische Studien 4). Bamberg, 83–114.

Haines-Eitzen, Kim (1998): „Girls Trained in Beautiful Writing“: Female Scribes in Roman Antiquity and Early Christianity, JECS 6, 629–646.

Hammerstaedt, Jürgen (2009): „Julius Africanus und seine Tätigkeiten im 18. Kestos (P. Oxy. 412 col. II)“, in: Martin Wallraff / Laura Mecella: Die Kestoi des Julius Africanus und ihre Überlieferung (Texte und Untersuchungen zur Geschichte der altchristlichen Literatur 165). Berlin u. a., 53–69.

Harnett, Benjamin (2017): The Diffusion of the Codex, ClAnt 36, 183–235.

Harris, William V. (1989): Ancient literacy. Cambridge/Mass.

Haselberger, Lothar (2007): Urbem adornare. Die Stadt Rom und ihre Gestaltumwandlung unter Augustus (JRA Supplementary Series 64). Portsmouth.

Hatzimichali, Myrto (2013): „Ashes to ashes? The library of Alexandria after 48 BC“, in: Jason König u. a.: Ancient libraries. Cambridge, 167–182.

Hatzimichali, Myrto (2013a): „The texts of Plato and Aristotle in the first century BC“, in: Malcolm Schofield: Aristotle, Plato and Pythagoreanism in the first century BC. New directions for philosophy. Cambridge u. a., 1–27.

Hatzimichali, Myrto (2019): „Circulation of Lexica in the Hellenistic and Early Imperial Period“, in: Sean A. Adams: Scholastic Culture in the Hellenistic and Roman Eras. Greek, Latin, and Jewish (Transmissions 2). Berlin, 31–50.

Hemelrijk, Emily (1999): Matrona docta. Educated women in the Roman élite from Cornelia to Julia Domna. London / New York.

Hendrickson, Thomas (2017): Ancient libraries and Renaissance humanism. The „De bibliothecis“ of Justus Lipsius (Brill's studies in intellectual history 265). Leiden / Boston.

Herrmann-Otto, Elisabeth (2015): Grundfragen der antiken Sklaverei. Eine Institution zwischen Theorie und Praxis. Hildesheim / Zürich.

Hölscher, Tonio (2017): „Ubiquitär – totalitär? Die Präsenz des Augustus im Stadtbild Roms“, in: Manuel Flecker u. a.: Augustus ist tot – Lang lebe der Kaiser! Internationales Kolloquium anlässlich des 2000. Todesjahres des römischen Kaisers vom 20.–22. November 2014 in Tübingen (Tübinger Archäologische Forschungen 24). Rahden/Westf., 15–37.

Holder, Stefanie (2020): Bildung im kaiserzeitlichen Alexandria. 1. bis 3. Jahrhundert n. Chr. (Historia Einzelschriften 253). Stuttgart.

Honigman, Sylvie (2017): „The Library and the Septuagint: Between Representations and Reality“, in: Christophe Rico / Anca Dan: The Library of Alexandria. A cultural crossroads of the ancient world; Proceedings of the Second Polis Institute Interdisciplinary Conference. Jerusalem, 45–77.

Horsfall, Nicholas (1993): Empty shelves on the Palatine, G&R 40, 58–67.

Houston, George W. (1996): Onesimus the Librarian, ZPE 114, 205–208.

Houston, George W. (2002): The slave and freedman personnel of public libraries in ancient Rome, TAPhA 132, 139–176.

Houston, George W. (2004): How did you get hold of a book in a Roman library?, CB 80, 5–13.

Houston, George W. (2014): Inside Roman libraries. Book collections and their management in antiquity. Chapel Hill.

Howley, Joseph A. (2018): Aulus Gellius and Roman reading culture. Text presence and imperial knowledge in the Noctes Atticae. Cambridge u. a.

Iacopi, Irene / Tedone, Giovanni (2005/2006): Bibliotheca e Porticus ad Apollinis, MDAI(R) 111, 351–378.

Iacoviello, Antonio (2019): „Poetic Quotation in 4th Century BC Attic Oratory“, in: Roberta Berardi u. a.: On the track of the books. Scribes, libraries and textual transmission (Beiträge zur Altertumskunde 375). Berlin, 73–89.

Jenewein, Gunhild (2008): Die Architekturdekoration der Caracallathermen (Publikationen des Historischen Instituts beim Österreichischen Kulturforum in Rom. I. Abteilung, Abhandlungen 15). Wien.

Johnson, William A. (2004): Bookrolls and scribes in Oxyrhynchus. Toronto.

Johnson, William A. (2011/2012): Cicero and Tyrannio: „mens addita videtur meis aedibus“ (Ad Atticum 4.8.2), CW 105, 471–477.

Johnson, William A. (2013): „Libraries and reading culture in the High Empire“, in: Jason König u. a.: Ancient libraries. Cambridge, 347–363.

Joshel, Sandra R. (2010): Slavery in the Roman world. Cambridge.

Klingenberg, Andreas (2011): Sozialer Abstieg in der römischen Kaiserzeit. Risiken der Oberschicht in der Zeit von Augustus bis zum Ende der Severer. Paderborn u. a.

Krevans, Nita (2011): „Callimachus' Philology", in: Benjamin Acosta-Hughes: Brill's companion to Callimachus. Leiden / Boston, 118–133.

Kytzler, Bernhard, Hrsg. (2018): Quintus Horatius Flaccus. Sämtliche Werke. Ditzingen.

La Penna, Antonio (2018): Ovidio. Relativismo dei valori e innovazione delle forme (Bibliotheca 16). Pisa.

Lacey, Walter K., Hrsg. (1986): Cicero: Second Philippic Oration. Warminster.

Le Doze, Philippe (2017): Mécène. Ombres et flamboyances (Collection d'études anciennes. Série latine 78). Paris.

Lefebvre, Laurie (2010): „L'optimus princeps et les lettres", in: Yves Perrin: Neronia VIII. Bibliothèques, livres et culture écrite dans l'Empire Romain de César à Hadrien; actes du VIIIe colloque international de la SIEN, Paris, 2–4 octobre 2008 (Collection Latomus 327). Bruxelles, 290–300.

Leonardis, Irene (2019): Varrone, *unus scilicet antiquorum hominum*. Senso del passato e pratica antiquaria (Biblioteca di Athenaeum 62). Bari.

Mann, Christian (2013): Militär und Kriegführung in der Antike (Enzyklopädie der griechisch-römischen Antike 9). München.

Marshall, Anthony J. (1976): Library Resources and Creative Writing at Rome, Phoenix 30, 252–264.

Marshall, Richard M. A. (2019): „Suetonius the Bibliographer", in: Sean A. Adams: Scholastic Culture in the Hellenistic and Roman Eras. Greek, Latin, and Jewish (Transmissions 2). Berlin, 119–145.

McDonald, Katherine (2015): Oscan in southern Italy and Sicily. Evaluating language contact in a fragmentary corpus. Cambridge.

Meier, Christian (2004): Caesar. Berlin.

Meneghini, Roberto (2002): Nuovi dati sulla funzione e le fasi costruttive delle 'Biblioteche' del Foro di Traiano, MEFRA 114, 655–692.

Meneghini, Roberto (2017): „Il Foro di Traiano", in: Claudio Parisi Presicce u. a.: Traiano. Costruire l'impero, creare l'Europa. Roma, 257–262.

Meritt, Benjamin D. (1966): Inscriptions from the Athenian Agora (Excavations of the Athenian Agora 10). Princeton.

Miller, John F. (1994): „Virgil, Apollo, and Augustus“, in: Jon Solomon: Apollo. Origins and influences. Tucson, 99–112.

Miller, John F. (2008): „Poets at the Palatine Temple of Apollo“, in: Anders Holm Rasmussen / Susanne William Rasmussen: Religion and society. Rituals, resources and identity in the ancient Graeco-Roman world; the BOMOS-conferences 2002–2005 (Analecta Romana Instituti Danici. Supplementum 40). Roma, 43–53.

Mittler, Elmar (2012): „Die Geschichte der Bibliothek. Von der Oralität zur Wissensgesellschaft“, in: Konrad Umlauf / Stefan Gradmann: Handbuch Bibliothek. Geschichte, Aufgaben, Perspektiven. Stuttgart / Weimar, 292–350.

Morgan, Llewelyn (2000): The autopsy of C. Asinius Pollio, JRS 90, 51–69.

Mountford, Peter (2019): Maecenas. London / New York.

Müller, Carl Werner (2011): „Griechische Büchersammlungen und Bibliotheken vom sechsten Jahrhundert v. Chr. bis in hellenistische Zeit“, in: Elke Blumenthal / Wolfgang Schmitz: Bibliotheken im Altertum (Wolfenbütteler Schriften zur Geschichte des Buchwesens 45). Wiesbaden, 101–122.

Nelis, Damien P. (2010): „Vergil's library“, in: Joseph Farrell / Michael C. J. Putnam: A companion to Vergil's Aeneid and its tradition. Chichester, 13–25.

Nelsestuen, Grant A. (2014): Overseeing res publica: the Rector as Vilicus in De re publica 5, ClAnt 33, 130–173.

Neudecker, Richard (2004): „Aspekte öffentlicher Bibliotheken in der Kaiserzeit“, in: Barbara Borg: Paideia. The world of the Second Sophistic (Millennium-Studien 2). Berlin u. a., 293–313.

Nicholls, Matthew (2010): „Bibliotheca Latina Graecaque. On the possible division of Roman public libraries by language“, in: Yves Perrin: Neronia VIII. Bibliothèques, livres et culture écrite dans l'Empire Romain de César à Hadrien; actes du VIIIe colloque international de la SEIN, Paris, 2–4 octobre 2008 (Collection Latomus 327). Bruxelles, 11–21.

Nicholls, Matthew (2013): „Roman libraries as public buildings in the cities of the Empire“, in: Jason König u. a.: Ancient libraries. Cambridge, 261–276.

Nicholls, Matthew (2019): „‚Bookish Places' in Imperial Rome: Bookshops and the Urban Landscape of Learning", in: Sean A. Adams: Scholastic Culture in the Hellenistic and Roman Eras. Greek, Latin, and Jewish (Transmissions 2). Berlin, 51–68.

Packer, James E. (2001): The Forum of Trajan in Rome. A study of the monuments in brief. Berkeley.

Papini, Massimiliano (2014): „Les Dieux Protecteurs d'Auguste", in: Cécile Giroire / Daniel Roger: Auguste. Paris, 34–37.

Pesch, Andreas (1995): De perduellione, crimine maiestatis et memoria damnata. Aachen.

Petrain, David (2013): „Visual supplementation and metonymy in the Roman public library", in: Jason König u. a.: Ancient libraries. Cambridge, 332–346.

Pflaum, Hans-Georg (1950): Les procurateurs équestres sous le haut-empire romain. Paris.

Piacente, Luigi (2011): Sul prestito librario nell'antica Roma, S&T 9, 35–51.

Plassmann, Engelbert u. a. (^{2}2011): Bibliotheken und Informationsgesellschaft in Deutschland. Eine Einführung. Wiesbaden.

Rico, Christophe (2017): „The Destruction of the Library of Alexandria. A Reassessment", in: Ders. / Anca Dan: The Library of Alexandria. A cultural crossroads of the ancient world; Proceedings of the Second Polis Institute Interdisciplinary Conference. Jerusalem, 293–328.

Schipke, Renate (2013): Das Buch in der Spätantike. Herstellung, Form, Ausstattung und Verbreitung in der westlichen Reichshälfte des Imperium Romanum. Wiesbaden.

Schironi, Francesca (2018): The best of the grammarians. Aristarchus of Samothrace on the Iliad. Ann Arbor.

Seebacher, Christian (2020): Zwischen Augustus und Antinoos. Tradition und Innovation im Prinzipat Hadrians (Studies in ancient monarchies 6). Stuttgart.

Sève, Michael (2010): „Dimensions des livres et locaux de conservation dans les bibliothèques antiques", in: Yves Perrin: Neronia VIII. Bibliothèques, livres et culture écrite dans l'Empire Romain de César à Hadrien; actes du VIIIe colloque international de la SEIN, Paris, 2–4 octobre 2008 (Collection Latomus 327). Bruxelles, 22–31.

Sider, David (2019): „The Ancient Texts“, in: Kenneth D.S. Lapatin: Buried by Vesuvius. The Villa dei Papiri at Herculaneum. Los Angeles, 98–103.

Singer, Peter N. (2019): „New Light and Old Texts: Galen on His Own Books“, in: Caroline Petit: Galen's treatise Περὶ Ἀλυπίας (De indolentia) in context. A tale of resilience (Studies in ancient medicine 52). Leiden / Boston, 91–131.

Sittig, Florian (2018): Psychopathen in Purpur. Julisch-claudischer Caesarenwahnsinn und die Konstruktion historischer Realität (Historia Einzelschriften 249). Stuttgart.

Söllner, Alfred (1996): Einführung in die römische Rechtsgeschichte. München.

Strobel, Karl (2017): „Zum Gesamtkonzept des Traiansforums und zur aktuellen Diskussion um den Tempel des Divus Traianus“, in: Fritz Mitthoff / Günther Schörner: Columna Traiani – Traianssäule. Siegesmonument und Kriegsbericht in Bildern; Beiträge der Tagung in Wien anlässlich des 1900. Jahrestages der Einweihung, 9.–12. Mai 2013 (Tyche Sonderband 9). Wien, 59–68.

Strocka, Volker Michael (1981): Römische Bibliotheken, Gymnasium 88, 298–329.

Strocka, Volker Michael (2012): „Der stadtrömische Bibliothekstypus“, in: Ders. u. a.: Die Bibliothek von Nysa am Mäander (Forschungen in Nysa am Mäander 2). Darmstadt / Mainz, 167–184.

Strocka, Volker Michael (2012a): „Vermeintliche Bibliotheken in der archäologischen Literatur“, in: Ders. u. a.: Die Bibliothek von Nysa am Mäander (Forschungen in Nysa am Mäander 2). Darmstadt / Mainz, 185–214.

Strootman, Rolf (2017): The birdcage of the muses. Patronage of the arts and sciences at the Ptolemaic Imperial Court, 305–222 BCE (Interdisciplinary studies in ancient culture and religion 17). Leuven.

Takács, Lászlò (2010): „The library of Persius“, in: Yves Perrin: Neronia VIII. Bibliothèques, livres et culture écrite dans l'Empire Romain de César à Hadrien; actes du VIIIe colloque international de la SIEN, Paris, 2–4 octobre 2008 (Collection Latomus 327). Bruxelles, 332–338.

Thomas, Rosalind (2011): „Writing, Reading, Public and Private ‚Literacies'. Functional Literacy and Democratic Literacy in Greece“, in:

William A. Johnson / Holt N. Parker: Ancient literacies. The culture of reading in Greece and Rome. Oxford, 13–45.

Torelli, Mario (1993): „Augustus, divus, templum (novum)“, in: Eva Margareta Steinby: LTUR 1. Roma, 145–146.

Townend, Gavin B. (1961): The Hippo Inscription and the Career of Suetonius, Historia 10, 99–109.

Treggiari, Susan (1991): Roman marriage. Iusti Coniuges from the time of Cicero to the time of Ulpian. Oxford.

Troiani, Lucio (2010): „La biblioteca del giudaismo ellenistico“, in: Yves Perrin: Neronia VIII. Bibliothèques, livres et culture écrite dans l'Empire Romain de César à Hadrien; actes du VIIIe colloque international de la SIEN, Paris, 2–4 octobre 2008 (Collection Latomus 327. Bruxelles), 173–181.

Troncoso, Victor Alonso (2010): „Las bibliotecas en Roma en tiempos de Trajano“, in: Jaime Alvar Ezquerra u. a.: Traiano (Biblioteca spagnola di studi classici 5). Roma, 235–255.

Tucci, Pier Luigi (2013): „Flavian libraries in the city of Rome“, in: Jason König u. a.: Ancient libraries. Cambridge, 277–311.

Tucci, Pier Luigi (2017): The Temple of Peace in Rome. Cambridge.

Tutrone, Fabio (2013): „Libraries and intellectual debate in the late Republic. The case of the Aristotelian corpus“, in: Jason König u. a.: Ancient libraries. Cambridge, 152–166.

van't Dack, Edmond (1963): A studiis, a bybliothecis, Historia 12, 177–184.

Viredaz, Antoine (2020): Fragmenta Saturnia Heroica. Introduction, traduction et commentaire des fragments de l'Odyssée latine de Livius Andronicus et de la Guerre punique de Cn. Naevius. Basel.

Viscogliosi, Alessandro (1999): „Porticus Octaviae“, in: Eva Margareta Steinby: LTUR 4. Roma, 141–145.

Weeber, Karl-Wilhelm (2014): Lernen und Leiden. Schule im alten Rom. Darmstadt.

White, Peter (2009): „Bookshops in the Literary Culture of Rome“, in: William A. Johnson / Holt N. Parker: Ancient literacies. The culture of reading in Greece and Rome. Oxford, 268–287.

Wilker, Julia (2002): „Irrwege einer antiken Büchersammlung. Die Bibliothek des Aristoteles“, in: Wolfram Hoepfner: Antike Bibliotheken. Mainz, 24–29.

Zadorojnyi, Alexei V. (2013): „Libraries and paideia in the Second Sophistic. Plutarch and Galen“, in: Jason König u. a.: Ancient libraries. Cambridge, 377–400.

Zanker, Paul (1983): „Der Apollontempel auf dem Palatin. Ausstattung und politische Sinnbezüge nach der Schlacht von Actium“, in: Città e architettura nella Roma imperiale. Atti del seminario del 27 ottobre 1981 nel 25. anniversario dell'Accademia di Danimarca (Analecta Romana Instituti Danici. Supplementum 10). Odense, 21–40.

Trierer Winckelmannsprogramme

Begründet von Günter Grimm
Fortgeführt von Torsten Mattern und Markus Trunk

22: Detlev Kreikenbom

Lepcis Magna unter den ersten Kaisern

2011. 44 Seiten, br
210x297 mm
ISBN 978-3-447-06558-0 *€ 19,80 (D)*

23: Andreas Vött

Neue geoarchäologische Untersuchungen zur Verschüttung Olympias

Eine Einführung in die Olympia-Tsunami-Hypothese

2013. VIII, 52 Seiten, br
210x297 mm
ISBN 978-3-447-06957-1 *€ 19,80 (D)*

24: Ulrike Wulf-Reidt

„Den Sternen und dem Himmel würdig"

Kaiserliche Palastbauten in Rom und Trier

2014. VIII, 44 Seiten, br
210x297 mm
ISBN 978-3-447-10235-3 *€ 19,80 (D)*

25: Wolf-Dietrich Niemeier

Das Orakelheiligtum des Apollon von Abai/Kalapodi

Eines der bedeutendsten griechischen Heiligtümer nach den Ergebnissen der neuen Ausgrabungen

2016. VII, 60 Seiten, br
210x297 mm
ISBN 978-3-447-10708-2 *€ 29,– (D)*

26: Walter Trillmich

Augustus und seine Gründung *Emerita* in Hispanien

2016. VIII, 72 Seiten, br
210x297 mm
ISBN 978-3-447-10709-9 *€ 30,– (D)*

27: Tonio Hölscher

Mythenbilder und Mentalität in Athen von Kleisthenes zu den Perserkriegen

Ein Versuch zur historischen Psychologie der Griechen

2019. VII, 40 Seiten, br
210x297 mm
ISBN 978-3-447-11250-5 *€ 24,– (D)*

28: Klaus Fittschen

Halbierte Köpfe?

2019. VI, 44 Seiten, br
210x297 mm
ISBN 978-3-447-11251-2 *€ 24,– (D)*

Im 18. Jahrhundert waren medaillonartig gefasste Profilbildnisse sehr beliebt. Dafür hat man sogar intakt erhaltene, rundplastische antike Bildnisse zersägt; mehrere Fälle lassen sich nachweisen. Die Forschung hat daraus geschlossen, dass auch andere antike Profilbildnisse erst in der Neuzeit aus ehemals rundplastischen Bildnissen hergestellt worden seien. Das ist aber nicht immer der Fall. Bildnisse im Profil waren auch schon in der Antike sehr verbreitet und geschätzt, u.a. deswegen, weil sie effektvoll auf Flächen aus kostbarem Material (Porphyr, Serpentin, Basalt) montiert werden konnten.